LA CHARTE DE KURUKAN FUGA

Fondements historiques et portée contemporaine d'un droit africain

Commentaire article par article

Centre d'Études, de Recherche et de prospective en Afrique (CERPA)

Amadou SOW
Lassine DIARRA

LA CHARTE DE KURUKAN FUGA

Fondements historiques et portée contemporaine d'un droit africain

Commentaire article par article

Préface du Pr Eloi DIARRA
Avant-propos du Pr Bakary CAMARA

L'Harmattan
Mali

ACI2000 Bamako – Immeuble Jean-Marie CISSÉ
Bureau 10 – Tél. : +223 76 43 00 66/+223 66 89 33 72
www.harmattanmali.com

Couverture et mise en page : Coco Joyce

ISBN : 978-2-336-63662-7
EAN : 9782336636627

Préface

C'est pour moi un réel plaisir de préfacer cet opuscule sur la Charte de Kurukan Fuga. Œuvre sans doute brève - il y aurait tant à dire - mais dense, car invitant à la réflexion sur cet héritage légué au Mali, par la mémoire de son riche passé historique.

Certes le Mali d'aujourd'hui est un regroupement de peuples aux histoires qui ne peuvent être fusionnées en un tableau unique ; c'est plutôt un caléidoscope où le Mandé et sa tradition malinké a joué un rôle important autrefois.

En effet, les diverses ethnies, mandinka, bamana, soninké, sénoufo, minianka, dogon, bo, bozo, sonraï, maure, arabe et touarègue qui le composent n'ont pas toutes connu le même parcours.

Cependant, elles ont été unies, à un moment ou à un autre, dans des organisations politiques très rapprochées. L'Empire du Mali [1] est de celle-là. La Grande Histoire retient que cet empire, fondé par Soundiata Kéita, aura couru une distance de 1235 à 1599, soit plus de deux siècles et demi. Soundiata Kéita, après sa victoire, en 1235 à Kirina sur le roi du Sosso, Sumaoro (ou Sumanguru) Kanté, et ses successeurs vont, par un mécanisme de vassalisation, proche du fédéralisme, englober tous ces groupes ethniques dans le gigantesque Empire du Mali, couvrant plus d'un million de km2.

Cet empire connaît son apogée sous le Mansa Kanku Musa (1307-1332) et son déclin définitif par la défaite de l'un des derniers rois mandings, Mansa Mahmud IV devant Djenné face aux Marocains en 1599. C'est au stade de la naissance de l'empire qu'il faut situer la Charte de Kurukan Fuga où il est largement dominé par le groupe mandinka. Kurukan Fuga est le nom d'un lieu, vaste vallée, non loin de Kangaba, où s'est tenue l'Assemblée des Chasseurs et

---

[1] Voir, D.T. NIANE (sous dir.), *Histoire générale de l'Afrique, L'Afrique du XII au XVIe siècle*, Edit. UNESCO/NEA, Vol. IV, 1985, p. 154-212.

d'autres castes intégrées au jeune royaume au cours de laquelle la charte fut proclamée. Aujourd'hui, par le travail des historiens, cette Charte a pris la forme d'un ensemble ordonné, article par article, comme le ferait un texte de loi moderne.

Pour lever toute ambiguïté, il importe d'affirmer qu'à l'origine il n'en était pas ainsi, car il s'agissait avant tout d'une série de sentences orales, faciles à mémoriser et transmises de génération en génération. Cela n'enlève rien ni à la valeur véridique, ni à la valeur juridique du texte. La force du texte tient d'ailleurs à la répétition de ces stances, de génération en génération, sans qu'il y ait altération. Ce qui a permis de le reconstituer après audition de plusieurs traditionnalistes (ou griots) lors des travaux de l'Atelier du 03 au 12 mars 1998 à Kangaba, réunissant communicateurs oraux et chercheurs historiens africains.

La Charte de 1236 est complétée par un autre texte, appelé « Serment des Chasseurs ou les Sept Engagements », portant sur le respect de la vie, l'obligation de réparer toute atteinte à la vie, l'obligation de veiller sur son prochain, ses ascendants et descendants, l'obligation de défendre le « pays de ses pères » (patrie), l'obligation de combattre la faim et de mettre fin à l'esclavage et enfin le droit à la liberté pour chacun. Le texte des 44 articles dont on lira le commentaire ne peut être valablement compris qu'en le complétant avec ce serment sacré.

L'ouvrage que le lecteur a entre les mains est donc un commentaire suivi des articles de la Charte tels que fixés en 1998. Il se veut original en situant chaque article dans son contexte historique et en le projetant ensuite dans le monde d'aujourd'hui, pour voir quel écho négatif il comporte et quel écho positif, quel enseignement valable pour le monde moderne qu'on peut en retenir. Ainsi, par exemple, lorsque l'article 8 dispose que « la famille Kéita est désignée famille régnante sur l'empire », il s'entend que le système démocratique d'aujourd'hui ne peut accepter que le Mali soit gouverné de façon dynastique.

En revanche, si l'article 24 dispose « Ne faites pas de tort aux étrangers », il est évident que la résonnance est immédiate dans un monde où les gens sont en perpétuelle circulation ; l'émigration et immigration font partie de la vie ; cet article donne une leçon à tous ceux qui mettent des barrières entre les peuples. Cet exercice d'équilibre des auteurs est donc à saluer.

La Charte de Kurukan Fuga, se dresse donc comme un document oral majeur de régulation sociale, politique, juridique et philosophique dans l'histoire de l'Afrique. Ancré dans le contexte spécifique de l'Empire du Mali, il incarne une sagesse qui va bien au-delà des frontières géographiques et temporelles de son époque. Véritable pilier de la structuration sociale et politique de l'une des plus grandes civilisations africaines, la Charte témoigne d'une gouvernance fondée sur la justice, la solidarité, et la préservation de l'équilibre social.

À travers elle, le peuple mandingue a exprimé une vision de la société dans laquelle la paix, le respect mutuel, et la dignité humaine étaient non seulement des valeurs cardinales, mais aussi des impératifs juridiques. Il s'agit d'un texte vivant qui résonnait et animait la vie sociale, culturelle, économique et spirituelle des individus.

Mais son influence ne se limite pas au cadre de son époque : bien au contraire, la Charte anticipe des principes de gouvernance et de droits humains qui trouvent un écho dans les systèmes juridiques contemporains.

L'ouvrage que l'on s'apprête à découvrir n'est pas conçu comme une simple étude historique ou juridique : c'est un voyage à travers les fondements d'une civilisation qui a su harmoniser les aspirations humaines avec les exigences collectives.

En analysant article par article la Charte de Kurukan Fuga, il cherche à souligner son caractère novateur et universel, tout en offrant une réflexion sur son applicabilité dans le monde contemporain. Loin des idées qui réduisent l'histoire africaine à un simple enchaînement de conflits et de dominations coloniales, cet ouvrage place la Charte comme grille de lecture et de la réflexion sur la justice, la gouvernance et la dignité humaine, thèmes toujours d'actualité dans le monde moderne. En somme, l'Afrique du Moyen-Age était en concordance avec son époque, quand elle ne devançait pas le reste du monde. Mais il y a plus.

Les principes sociaux et économiques qui gouvernaient l'Empire du Mali sous l'influence de cette charte sont aujourd'hui présents dans les textes modernes sur les droits humains, la gouvernance démocratique, sur la place de la femme dans cette gouvernance et sur la préservation de l'environnement. En redécouvrant cette Charte, les auteurs posent les bases d'une réévaluation profonde du rôle de l'Afrique dans l'histoire du droit et de la civilisation, réaffirmant son influence fondatrice dans les débats contemporains sur la justice et la solidarité internationale.

C'est pourquoi cet opus ne concerne pas seulement les historiens, les élèves, étudiants et les citoyens africains qui doivent se l'approprier, mais également les hommes politiques qui devraient sans inspirer dans leurs décisions en matière de droits de l'homme, dans leurs orientations sur l'exploitation des ressources naturelles (agricoles, forestières, animalières ou minières) et dans leur conception du développement économique global de la société. Il doit y régner ordre, respect et dignité, valeurs promues par la Charte.

Eloi DIARRA,

Professeur émérite, Université
de Rouen-Normandie (URN)

Avant-propos

La Charte de Kurukanfuga, bien qu'étant le fruit d'une époque révolue, continue de représenter un modèle de gouvernance innovant et pertinent pour les sociétés modernes. Rédigée sous l'égide de Soundiata Keïta, fondateur de l'Empire du Mali, cette charte n'est pas seulement une compilation de lois ; elle est un témoignage de la vision profonde d'un peuple qui comprenait l'importance de l'équilibre entre les individus, les communautés et l'État. Elle incarne des valeurs de respect de la dignité humaine, de justice, d'équité et de solidarité, des principes qui ne cessent d'être réaffirmés dans les débats contemporains sur la gouvernance mondiale, les droits humains, et la préservation de l'environnement.

Ce travail de réflexion sur la Charte de Kurukanfuga ne se limite pas à une lecture historique ou juridique, mais s'inscrit dans une démarche de réappropriation de cet héritage pour nourrir la réflexion sur les défis contemporains. En effet, la Charte préfigure plusieurs concepts qui sont au cœur des systèmes juridiques modernes : la protection des droits humains, la gouvernance démocratique, l'égalité devant la loi, et la solidarité intergénérationnelle. Les principes de participation et de justice sociale inscrits dans la Charte trouvent une résonance frappante dans des documents modernes comme la Déclaration universelle des droits de l'homme ou les conventions internationales sur la démocratie et les droits sociaux.

Loin de l'image réductrice et dévalorisante de l'Afrique souvent véhiculée par des récits eurocentriques, cette Charte prouve que les sociétés africaines ont, depuis des siècles, développé des systèmes juridiques et de gouvernance fondée sur des principes éthiques et humanistes. En revisitant la Charte de Kurukanfuga sous l'angle d'une analyse historico-juridique, cet ouvrage s'inscrit dans une volonté de faire ressortir les enseignements universels que cette charte offre encore aujourd'hui, notamment en matière de réconciliation sociale, de justice distributive, et de régulation des conflits.

L'approfondissement de chaque article nous permet de comprendre comment les principes qui régissaient la société mandingue peuvent offrir des solutions pour repenser les défis contemporains liés à la gouvernance, à la justice sociale et aux droits fondamentaux. Les auteurs proposent, à travers cette analyse, un dialogue entre le passé et le présent, entre la sagesse ancestrale et les exigences de la modernité. Ce dialogue, nous en sommes convaincus, est nécessaire pour construire un avenir plus juste, plus solidaire, et respectueux des droits de l'homme, à l'échelle locale comme globale.

Ainsi, en nous appuyant sur les principes d'équité et de solidarité de la Charte de Kurukanfuga, nous espérons contribuer à une meilleure compréhension de l'héritage africain et à son inscription dans les grands débats juridiques, philosophiques et éthiques qui façonnent le monde moderne. Par cette réévaluation de la Charte, cet ouvrage invite le lecteur à une réflexion plus large sur le rôle que les traditions africaines peuvent jouer dans la construction d'un ordre mondial plus juste, plus inclusif et plus respectueux de la dignité humaine.

Bakary CAMARA
Agrégé des facultés de droit,
Professeur Titulaire des Universités,
Chevalier de l'Ordre International des Palmes
Académiques, OIPA-CAMES,
Université Kurukanfuga de Bamako (UKB)

Sommaire

INTRODUCTION GENERALE :
La Charte de Kurukanfuga, une preuve de civilisation et un héritage en résonance avec le droit moderne

Proclamée en 1236 après la victoire de Soundiata Keïta à la bataille de Kirina, la Charte de Kurukanfuga est un texte juridique et sociopolitique qui témoigne de l'existence d'une Afrique organisée, structurée et dotée de systèmes juridiques avancés bien avant l'arrivée des puissances coloniales.[2] Établie dans le contexte de l'Empire du Mali, l'un des plus vastes et influents empires de l'histoire africaine, cette charte est à la fois un fondement de la gouvernance, une source de justice, et un outil de cohésion sociale.[3] Bien que transmise oralement, sa pérennité illustre l'importance des traditions africaines et leur capacité à gérer des sociétés complexes.[4]

L'Afrique comme berceau de la civilisation organisée

L'histoire africaine a trop souvent été négligée ou dénigrée par des récits eurocentrés qui ont ramené le continent à des stéréotypes de primitivisme ou de désorganisation. Des textes tels que la Charte de Kurukanfuga attestent pourtant de l'existence de sociétés africaines hautement structurées, organisées autour d'institutions juridiques, politiques et sociales bien établies.

Ce texte met en lumière les fondements de la civilisation africaine à travers des principes tels que la

---

[2] Youssouf Tata Cissé & Wa Kamissoko, *La Grande Geste du Mali. Des origines à la fondation de l'empire*, Karthala, 2007 (rééd.), t. 1, pp. 250-280 : Bataille Kirina 1235, assemblée Kurukan Fuga 1236. **https://www.karthala.com/produit/la-grande-geste-du-mali-des-origines-a-la-fondation-de-lempire-9782845865363-9782811104656**

[3] Djibril Tamsir Niane, *Soundiata ou l'Épopée mandingue*, Présence Africaine , 1960, (rééd. 2007), pp. 80-90

[4] La bataille de Kirina (1235 ou 1236) marque la consolidation du pouvoir de Soundiata Keïta sur le Mandé, suivie de la proclamation de la Charte à Kouroukan Fouga, lieu symbolique près de Kangaba (Mali actuel). https://ich.unesco.org/fr/RL/la-charte-du-manden-proclamee-a-kouroukan-fouga-00290

justice, la solidarité, la protection des plus vulnérables, et la préservation de l'environnement.[5]

Loin d'être un simple code coutumier, la Charte représente un cadre normatif universel, capable de réguler des interactions complexes entre les individus, les familles, et les communautés. Elle organise des aspects variés de la vie sociale, incluant les relations familiales, le mariage, la gestion des conflits, et l'utilisation des ressources naturelles.[6]

Un dialogue anticipé avec le droit moderne

Les principes de la Charte de Kurukanfuga trouvent une résonance frappante dans les systèmes juridiques contemporains et les normes internationales[7].

---

[5] Youssouf Tata Cissé & Wa Kamissoko, *La Grande Geste du Mali. Des origines à la fondation de l'empire* (1964, inédit puis Karthala), intégrant la Charte pour combler les silences de l'épopée *Soundjata voir aussi* Griots dépositaires : Wa Kamissoko (griot de Kangaba, décédé 1993) et Siriman Kouyaté (griot guinéen), principaux informateurs pour les versions 1222 (*Serment des chasseurs*, 7 chapitres) et 1236 (*Charte de Kouroukan Fouga*, 44 articles).

[6] UNESCO : Inscription 2009 comme patrimoine vivant (transmission griotique vérifiée sur 800 ans) https://ich.unesco.org/fr/RL/la-charte-du-manden-proclamee-a-kouroukan-fouga-00290

[7] Plusieurs dispositions précises de la Charte de Kurukanfuga préfigurent des principes fondamentaux du droit international des droits humains, notamment la DUDH (1948), la Charte africaine (1981) et le PIDESC (1966).

Protection de la dignité humaine

Article 5 : "La personne humaine est inviolable. Chacun a droit au respect de sa personne, de son honneur et de sa réputation. Nul ne peut être soumis à la torture, ni à des peines ou traitements cruels, inhumains ou dégradants." Cela anticipe l'article 5 DUDH et l'article 4 Charte africaine (inviolabilité humaine).

Article 41 : Interdiction d'humilier l'ennemi (respect dignité même vaincu), écho au préambule DUDH (dignité inhérente).

Solidarité et protection des vulnérables

Article 30 : "Venons en aide à ceux qui en ont besoin" (entraide obligatoire envers nécessiteux). Parallèle article PIDESC(solidarité internationale) et article 25 DUDH (sécurité sociale).

Articles 24-25 : Protection des étrangers et orphelins, rejoint article 22 Charte africaine (droits peuples vulnérables).

Justice sociale et égalité

En voici quelques exemples :

La protection des droits humains

Des articles tels que ceux qui interdisent l'humiliation de l'ennemi (Article 41)[8], promeuvent la tolérance (Article 42)[9] ou encouragent l'entraide (Article 30)[10], préfigurent des concepts fondamentaux aujourd'hui inscrits dans la Déclaration universelle des droits de l'homme (1948) et dans les pactes internationaux relatifs aux droits civils et sociaux. Le respect de la dignité humaine, omniprésent dans la Charte, est un principe clé des droits modernes[11].

La gouvernance démocratique et participative

La Charte consacre le rôle des représentants légitimes (Article 42) et valorise le consensus dans les grandes assemblées. [12] Ces éléments rappellent les systèmes de démocratie participative modernes, où les représentants élus ou désignés par les communautés prennent des décisions au nom des citoyens. Elle préfigure également l'importance de la médiation, essentielle dans la résolution des conflits contemporains.

Articles 27-30 : Régulation relations sociales, répartition équitable richesses. Évoque article 7 DUDH (égalité protection loi) et article 16 Charte africaine (justice distributive).
Article 16 : Participation femmes gouvernements, préfigure CEDAW (égalité genre).

[8] De la charte de kurukanfuga https://www.humiliationstudies.org/documents/KaboreLaCharteDeKurukafuga.pdf

[9] De la charte de kurukanfuga https://www.humiliationstudies.org/documents/KaboreLaCharteDeKurukafuga.pdf

[10] De la charte de kurukanfuga https://www.humiliationstudies.org/documents/KaboreLaCharteDeKurukafuga.pdf

[11] Article 5 proclame l'inviolabilité de la personne humaine et interdit torture/traitements dégradants, écho direct à l'article 5 DUDH et article 4 Charte africaine (1981).

[12] George B. N. AYITTEY, « La démocratie en Afrique précoloniale », *Afrique, 2000 : revue trimestrielle* (revue africaine de politique internationale), n° 2, juillet-septembre 1990, p. 39-75.Cet article montre l'existence de contre-pouvoirs (conseils d'anciens, collèges de notables, sociétés initiatiques) qui limitaient le chef et permettaient la délibération et la destitution en cas d'abus.

La justice sociale et l'égalité

En régulant les relations sociales (Articles 27 à 30) et en veillant à une répartition équitable des richesses, la Charte traduit une volonté de justice sociale qui résonne avec les législations modernes sur l'égalité et la lutte contre les discriminations.

La préservation de l'environnement

La conscience écologique exprimée dans les articles 37 à 39, qui prônent la préservation de la brousse et des espèces, est étonnamment moderne. Ces principes trouvent un écho dans les politiques actuelles de développement durable, inscrites dans les Objectifs de Développement Durable (ODD) des Nations Unies, en particulier ceux relatifs à la biodiversité (ODD 15)[13].

Un modèle d'organisation sociale universel

La Charte de Kurukanfuga est également un modèle d'organisation sociale universelle. Sa capacité à intégrer des normes juridiques, des valeurs morales et des mécanismes de résolution de conflits témoigne d'une vision holistique de la société. Contrairement aux systèmes purement répressifs, elle met l'accent sur la prévention des conflits, la médiation, et la réconciliation, des éléments essentiels pour bâtir des sociétés pacifiques.[14]

L'Afrique dans l'histoire universelle du droit

En mettant en lumière des textes comme la Charte de Kurukanfuga, il devient évident que l'Afrique n'est pas

---

[13] Les Articles 37-39 de la Charte de Kurukanfuga consacrent une conscience écologique précoce en régulant chasse, feux de brousse et élevage pour préserver la brousse et ses habitants, anticipant les principes du développement durable moderne, notamment ODD 15 (vie terrestre).

[14] Article 7 instaure sanankuya (cousinage à plaisanterie) et tanamanyya (totémisme) pour prévenir escalade des différends entre groupes, imposant respect mutuel et tolérance.

seulement un objet de l'histoire mondiale, mais un acteur majeur de sa construction.[15] Loin d'être un continent passif ou en marge, l'Afrique a contribué de manière significative à la pensée universelle sur la justice, les droits humains, et la gouvernance.[16] La Charte de Kurukanfuga témoigne de façon incontestable que l'Afrique était une société organisée, civilisée et dotée de systèmes politiques avancés bien avant les influences coloniales. En dialogue avec le droit moderne, elle fournit une source précieuse d'inspiration pour repenser les défis contemporains comme la durabilité, l'équité et la paix sociale. En redécouvrant et en valorisant cet héritage, on reconnaît non seulement la richesse de la tradition juridique africaine, mais aussi sa capacité à éclairer les enjeux mondiaux actuels.[17]

---

[15] Selon Jean-François Akandji KOMBE « La Charte de Kurugan Fuga contient déjà, en 1236, des prescriptions qui relèvent de la problématique moderne des droits de l'homme ou des droits humains. Elle figure ainsi parmi les premiers édits de ce type tous continents confondus, contemporaine à la Magna Carta - Grande Charte anglaise de 1215, considérée comme matrice de l'idée de droits de l'homme, et bien avant la Déclaration française des droits de l'homme et du citoyen, la Bill of Rights, Déclaration américaine des droits. Surtout, il s'agit d'un texte de portée plus globale, hautement politique, qui énonce les règles de vie en société, les principes du gouvernement des hommes, ainsi que ceux d'un rapport harmonieux avec l'environnement. Bref, d'un texte qui préfigure l'idée de l'Etat de droit... » disponible sur https://jfaki.blog/archives/1559
La Charte énonce « règles de vie en société, principes du gouvernement des hommes », préfigurant l'État de droit et ouvrant des perspectives pour repenser le politique africain contemporain. https://jfaki.blog/archives/1559

[16] **Ce texte de 44 articles est un « trésor vivant » pour l'Afrique (cf. L'article « Résolution traditionnelle des conflits au Mali »). Elle a été proclamée au Moyen Âge, plus de cinq siècles avant la déclaration universelle des droits de l'homme (1789), une vingtaine d'années seulement après la Charte des libertés d'Angleterre (1215) et plus de cinq siècles avant la déclaration des droits aux Etats-Unis (1787).**

[17] Empire Mali (1236-1600) : Plus vaste monde XIIIe siècle, structuré par Charte post-Kirina, intégrant consensus (Art. 42), médiation griotique (Art. 43) et anti-esclavagisme relatif (Art. 20). UNESCO (2009) : Reconnaît transmission orale 800 ans comme preuve civilisation organisée, non primitive https://www.revues.scienceafrique.org/magana/texte/saibou2023/
Thierno Amadou Ndiogou, *Regards croisés sur la charte de Kurukan Fuga et la déclaration universelle des droits de l'homme*, CODESRIA Monograph Series n°38/135, 2012, p. 41.

DE L'ORGANISATION SOCIALE :

L'organisation sociale décrite dans la **Charte de Kurukanfuga** est un modèle structuré et hiérarchisé visant à maintenir la cohésion et l'efficacité dans l'Empire du Mali.[18]

1. Division fonctionnelle et hiérarchique

La société est divisée en groupes spécialisés, chacun ayant un rôle précis :

Porteurs de carquois (Article 1) : Ils représentent une classe militaire, essentielle pour la défense et la stabilité de l'empire.[19]

Tribus princières : Elles constituent l'élite dirigeante, garantissant une transmission dynastique du pouvoir.[20]

Classes de marabouts (Mori Kanda) : rôle spirituel et éducatif et éducatif souligne l'importance de l'islam dans l'organisation sociale.

Classes de métiers (Nyamakala) : Ces classes assurent les fonctions artisanales, culturelles et consultatives. Ces acteurs ont un rôle clé dans la préservation des traditions et dans la médiation sociale. Cette division montre une volonté d'attribuer à chaque groupe une fonction claire, permettant à la société de fonctionner comme un tout intégré.[21]

---

[18] Youssouf Tata Cissé (dir.), *Le Droit traditionnel mandingue. Le pacte de Kurukan Fuga*, Karthala, 2003, pp. 35-49 : Art. 1 hiérarchie clans, cohésion interdépendance.

[19] Youssouf Tata Cissé (dir.), *Le Droit traditionnel mandingue. Le pacte de Kurukan Fuga*, Karthala, 2003, p. 35 : « Seize (16) porteurs de carquois » défense territoriale.

[20] El Hadje Ousmane Boré, « La Charte de Kurukan Fuga : aux sources... », *Revue Kurukan Fuga*, 2024, pp. 5-7 : Famille Keïta élite, décentralisation provinces chefs alliés. **https://graphiesfrancophones.org/wp-content/uploads/2024/06/EL-HADJE-OUSMANE-BORE.pdf**

[21] Article 1 Charte du Mandén (transcription Wa Kamissoko via Youssouf Tata Cissé), *Le Droit traditionnel mandingue*, Karthala, 2003, p. 35 :

2. Importance des rôles et responsabilités

Chaque groupe ou individu a des responsabilités spécifiques, souvent liées à l'intérêt collectif :

Les Nyamakala (Article 2) conseillent les dirigeants et veillent à l'ordre, soulignant leur rôle indispensable dans la gouvernance.[22]

Les Mori Kanda (Article 3) assurent l'éducation religieuse, montrant l'intégration des valeurs spirituelles dans la gestion sociale.[23]

Les Kangbé (Article 4), intermédiaires entre jeunes et vieux, participent aux grandes décisions.[24] Cela reflète une approche inclusive de la gouvernance.[25]

3. Systèmes de régulation sociale

La charte fixe des mécanismes d'organisation pour garantir la paix et l'harmonie sociales :

Répartition par tranches d'âge (Article 4) : Ce système permet une gestion organisée des responsabilités selon les générations, tout en conservant un cadre d'apprentissage intergénérationnel.

Contrôle de la paresse (Article 6) : L'institution du « Könögbèn Wölö » assure une productivité collective, indispensable à la prospérité de l'empire.

---

[22] Les nyamakalas se doivent de dire la vérité aux Chefs, d'être leurs conseillers et de défendre par le verbe les règles établies et l'ordre sur l'ensemble du royaume."|

[23] "Les morikanda Lolu, les cinq classes de marabouts, sont nos maîtres et nos éducateurs en islam. Tout le monde leur doit respect et considération."

[24] Kangbés : Intermédiaires générationnels participent décisions majeures (guerre, alliances, justice collective), équilibrant sagesse aînés et dynamisme jeunes ; inclusion femmes reflète approche participative non patriarcale stricte.

[25] Djibril Tamsir Niane, *Épopée mandingue,* 1960, pp. 90-95 : Kangbé décisions guerre/alliances. **https://www.presenceafricaine.com/catalogue/soundiata-ou-leppee-mandingue/**

Cousinage à plaisanterie (Article 7) : Mécanisme à la fois culturel et social, il régule les conflits et renforce les liens entre communautés.

4. Gouvernance et gestion des conflits

La société mandéenne, selon la Charte, repose sur des principes de respect, de justice et de solidarité[26]:

Famille régnante désignée (Article 8) : Cela favorise une continuité politique et une autorité reconnue.

Régulation des conflits (Articles 7 et 33) : L'accent mis sur le respect mutuel et la tolérance prévient les querelles internes et assure une coexistence pacifique.

Éducation collective (Article 9) : La communauté partage la responsabilité d'éduquer les jeunes, ce qui garantit la transmission des valeurs et savoirs.

5. Inclusion et équité

Rôle des femmes (Article 16) : Leur participation aux gouvernements traduit une reconnaissance avant-gardiste de leur importance dans la gestion sociétale.

Protection des faibles (Articles 5, 24, et 30) : Les esclaves, les étrangers, et les nécessiteux bénéficient de garanties explicites, consolidant l'idée de justice sociale.

Appréciation

L'organisation énoncée dans la Charte de Kurukanfuga repose sur un équilibre entre spécialisation des rôles, cohésion communautaire et respect des valeurs. C'est la marque d'une société bien organisée où chaque acteur, chaque groupe, a un rôle à jouer pour que tout

---

[26] La société mandingue selon la Charte de Kurukanfuga repose sur respect mutuel (parenté/mariage/voisinage Art. 40), justice distributive (propriété/ressources Arts. 31-36), et solidarité collective (aide vulnérables Art. 30), assurant cohésion multiethnique Empire Mali.

fonctionne correctement. Cette organisation insiste sur la nécessité de la coopération, de l'inclusion et du respect des règles afin de maintenir un ordre stable et harmonieux.

La compatibilité avec le droit moderne

Bien que la Charte de Kurukanfuga soit ancienne et qu'elle ait été rédigée dans un contexte historique et culturel bien précis, on y trouve plusieurs principes qui ressemblent à, ou qui sont proches de, le droit moderne. Voici donc l'examen de sa compatibilité avec les principes fondamentaux des systèmes juridiques contemporains :

1. Protection des droits fondamentaux

La charte consacre plusieurs droits fondamentaux qui résonnent avec le droit moderne :

Droit à la vie et à l'intégrité physique (Article 5)[27] : Ce principe est compatible avec les droits humains universels, comme ceux inscrits dans la Déclaration universelle des droits de l'homme (DUDH) de 1948.

Interdiction de la maltraitance des esclaves (Article 20) : Bien que l'esclavage soit aujourd'hui aboli, cette disposition reflète une préoccupation pour la dignité humaine, un concept central dans les droits modernes.

Égalité et inclusion des femmes (Article 16) : La participation des femmes aux gouvernements témoigne d'une reconnaissance de leur rôle dans la société, en phase avec les principes d'égalité de genre consacrés dans les constitutions modernes et le droit international.

2. Gouvernance et État de droit

Répartition des rôles sociaux (Articles 1 à 4) : La spécialisation des fonctions et l'organisation hiérarchique rappellent des aspects des États modernes, où les

[27] De la charte de Kurukan Fuga

institutions sont divisées en pouvoirs exécutif, législatif, et judiciaire.

Respect des engagements (Article 23) : L'importance accordée à la parole donnée et à l'honneur s'aligne sur les principes modernes de contrat et de bonne foi dans les relations juridiques.

3. Solidarité et cohésion sociale

Responsabilité collective dans l'éducation (Article 9)[28] : Ce principe peut être rapproché des politiques sociales modernes, qui insistent sur l'éducation comme une responsabilité partagée entre les parents, l'État et la communauté.

Cousinage à plaisanterie et tolérance (Article 7) : Ces mécanismes culturels de résolution des conflits se comparent aux approches modernes de médiation et d'arbitrage pour prévenir l'escalade des différends.

4. Questions controversées ou non conformes

Certaines dispositions de la charte, en revanche, soulèvent des problèmes d'incompatibilité avec le droit moderne :

Mariage des jeunes filles dès la puberté (Article 27) : Cette disposition est incompatible avec les droits de l'enfant tels que définis dans la charte africaine sur le bien-être de l'enfant et Convention internationale des droits de l'enfant (CIDE), qui impose un âge minimal pour le mariage.

Patrilinéarité stricte de la succession (Article 12) : Elle va à l'encontre des principes d'égalité entre hommes et femmes inscrits dans les constitutions modernes.

Maintien de l'esclavage (Article 20) : Bien que cette disposition soit humanisante dans son contexte,

[28] De la charte de Kurukan Fuga

l'esclavage est aujourd'hui aboli et proscrit par le droit international et pénaliser aujourd'hui en droit malien.

5. Justice sociale et équité

Aide aux nécessiteux (Article 30)[29] : Le principe de solidarité est universel et figure dans de nombreuses législations modernes comme un devoir moral ou étatique.

Respect des étrangers (Article 24) : Cette disposition rejoint le principe du droit d'asile et le respect des droits des non-nationaux, consacrés dans les traités internationaux.

6. Principes de limitation des abus

Régulation des pratiques de pouvoir (Article 12) : La règle selon laquelle un fils ne peut hériter tant que son père est vivant ou qu'un mineur ne peut diriger garantit une certaine stabilité. Cela peut être rapproché des systèmes modernes de gestion des successions et des limitations de pouvoir.

Lutte contre l'oisiveté (Article 6)[30] : Bien que formulée différemment, cette règle s'apparente aux politiques modernes de promotion du travail et de lutte contre l'exclusion sociale.

La Charte de Kurukanfuga est une base juridique coutumière riche et visionnaire pour son époque, avec plusieurs principes universels compatibles avec le droit moderne, notamment :

La protection des droits fondamentaux.

La gouvernance équitable.

La solidarité et la cohésion sociale.

Cependant, certaines dispositions sont anachroniques ou en conflit avec les principes modernes,

---

[29] De la charte de Kurukanfuga

[30] De la charte de Kurukanfuga

notamment en matière de droits des femmes, d'égalité et de protection des enfants. Cela illustre les limites d'un texte juridique ancré dans un contexte historique spécifique face aux exigences des droits humains universels contemporains.

Une adaptation ou une contextualisation de cette charte permettrait de la rendre plus conforme aux exigences actuelles tout en respectant son héritage culturel et historique.

ARTICLE 1ER :

La société du grand Mandé est divisée en seize (16) porteurs de carquois, cinq (5) classes de marabouts, quatre classes (4) de Nyamakalas. Chacun de ces groupes a une activité et un rôle spécifiques.

Texte de l'Article 1er :

La société du Grand Mandé est divisée en seize (16) porteurs de carquois, cinq (5) classes de marabouts, et quatre (4) classes de nyamakalas.[31] Chacun de ces groupes a une activité et un rôle spécifiques.

Introduction : la Charte du Mandé comme socle civilisationnel

La Charte du Mandé, attribuée à Soundjata Keïta au XIIIe siècle, est considérée comme une des premières déclarations universelles des droits humains et une base organisationnelle d'un État structuré.[32] L'Article 1er établit les fondements de l'organisation sociale au sein de l'Empire mandingue en mettant en avant une division fonctionnelle entre les groupes sociaux[33]. Cette structuration reflète une vision duale :

La hiérarchie des compétences : Chaque groupe est spécialisé et responsable d'un domaine précis.

---

[31] Sophie Ould Elhoussine, « Charte de Kurukan Fuga : mémoire et communauté », *MAGANA*, 2023, pp. 8-12 : Division 16/5/4 interdépendance clans. **https://www.revues.scienceafrique.org/magana/texte/saibou2023/**

[32] Siriman Kouyaté (griot Guinée), atelier Kankan CELHTO 1998 : 44 arts. reconstitués griots 4 pays (Mali, Guinée, Sénégal, Côte d'Ivoire). **https://www.humiliationstudies.org/documents/KaboreLaCharteDeKurukafuga.pdf**

[33] Joseph Ki-Zerbo, *Histoire de l'Afrique noire. Des origines à nos jours,* Paris, Hatier, 1978, p. 211-215 (présentation de l'Empire du Mali, de ses castes guerrières, religieuses et artisanales, et de l'organisation sociale héritée du Mandé).

La solidarité intergroupe : Les différentes classes travaillent de manière complémentaire pour maintenir la cohésion de l'ensemble.

L'analyse de cet article nécessite de prendre en compte des dimensions historique, anthropologique, sociologique et philosophique, tout en posant des questions sur ses limites et son adaptation à des contextes contemporains.

Dimension historique et anthropologique

Origine de la division sociale

L'organisation décrite dans cet article n'est pas propre au Mandé, mais s'inscrit dans un héritage partagé par plusieurs sociétés ouest-africaines.[34] Les divisions entre guerriers, religieux et artisans reflètent un modèle largement répandu dans les sociétés stratifiées, souvent influencées par :

Le besoin de protection militaire : La menace constante des guerres interethniques ou des invasions. Dans les sociétés malinké banmana, certaines guerres étaient menées pour rétablir la paix. La guerre est toujours l'échec de la diplomatie, mais elle peut être aussi le moyen de revenir à la négociation. On fait la guerre en général pour montrer sa force aux autres. Dans le royaume de Ségou, les griots du roi ne déclaraient paskèlè ma ké sèba tê don : « c'est à travers la guerre qu'on peut connaître le plus fort ou le gagnant » (Konaté op. cit). A côté de ce dicton, il y a aussi les guerres nommées fadenkèlè. Elles sont des guerres justifiables et, dans l'épopée mandingue, on apprend sans arrêt que kèlè le ka Mandé tchi, kèlè le ka Mandé lô :

[34] L'organisation sociale de l'art. 1 Charte Kurukan Fuga (castes fonctionnelles, griots, classes âge) n'est pas unique Mandé, mais héritage partagé sociétés ouest-africaines (Mali, Guinée, Sénégal, Côte d'Ivoire, Burkina Faso, Gambie), attesté traditions orales communes

« C'est par la guerre que le Mandé fut détruit, c'est aussi par la guerre que le Mandé fut bâti » (Konaté op. cit). La guerre, dans la mesure où elle était considérée comme un moyen de rétablir la paix, devait être soumise à des conventions et à des règles strictes. On cherchait par tous les moyens à limiter les pertes de vies humaines au cours des affrontements armés.

Ce qui explique sans doute le nombre élevé des captifs esclaves provenant de ces guerres et dont on retrouve les traces dans les structures sociales maliennes (Konaté op. cit.)[35].

Au Mandé, l'ancienneté du pouvoir étatique « Fanga » et son corollaire, la domination politique relèvent d'un simple constat ; les victoires militaires ou diplomatiques « Sé » qui en sont les fondements[36]. Ce qui prouve que dans nos sociétés traditionnelles, l'origine du pouvoir bien qu'elle soit divine, mais en partie guerrière et diplomatique[37].

L'influence des croyances spirituelles : Les marabouts incarnent une connexion entre le sacré et le quotidien. Les marabouts ou les Ulémas, les mentors dans les Cours impériales du Songhoi et de la capitale de la Dîna de Sékou Hamadou, les notables locaux (chefs de village, imams, etc.), participaient également au maintien de la stabilité et de la paix. Des réseaux relationnels plus ou

---

[35] Bakary Camara, « Évolution des systèmes fonciers au Mali : Cas du bassin cotonnier de Mali sud Zone Office du Niger et région CMDT de Koutiala », *Conseil pour le développement de la recherche en sciences sociales en Afrique (CODESRIA 2015)* Avenue Cheikh Anta Diop Angle Canal IV BP 3304 Dakar, 18524, Sénégal, p.150.

[36] Shaka BAGAYOKO ; « lieu et théorie du pouvoir dans le monde : passé et présent » *; Mission ORSTOM ; BP 25-28 ; Bamako ; Mali* ; p. 446.

[37] Lassine DIARRA ; « L'évolution du statut des autorités traditionnelles : étude comparée Mali-Côte d'Ivoire », *Laboratoire d'Etudes et de Recherches en Droit, Décentralisation et Développement Local (LERDDL) ; Thèse de Doctorat en Droit public,IPU 2024*, p. 5.

moins denses s'établissaient entre certains de ces acteurs au-delà des frontières étatiques ou communautaires facilitant le jeu diplomatique[38].

La valorisation des savoir-faire artisanaux : Les nyamakalas assurent non seulement une fonction économique, mais aussi culturelle. Les Gnamakala : Jeli (griots), Numu (forgerons), Founé et Garanké (cordonniers) ; Cette couche sociale ou institution est constituée des artisans de la paix et des agents diplomatiques au sein de la société mandingue et entre les différents États jamana du même espace culturel et ethnique. Les mécanismes de prévention et de règlement des conflits dans le pays bamanan fonctionnent en grande partie grâce à des hommes et des femmes qualifiés appartenant à des groupes de grandes familles appelés Gnamakala[39].

L'Empire du Mali a intégré ces structures dans une organisation politique centralisée, ce qui en a fait l'une des puissances les plus stables et influentes de l'Afrique de l'Ouest au Moyen Âge.[40]

Analyse détaillée des trois groupes sociaux :

1. Les porteurs de carquois : gardiens de l'ordre et de la sécurité

---

[38]Bakary Camara, « Évolution des systèmes fonciers au Mali : Cas du bassin cotonnier de Mali sud Zone Office du Niger et région CMDT de Koutiala », Conseil pour le développement de la recherche en sciences sociales en Afrique (CODESRIA 2015) Avenue Cheikh Anta Diop Angle Canal IV BP 3304 Dakar, 18524, Sénégal, p.150.
[39] Ibidem, p.150.
[40] al Tamari, « L'organisation sociale mandingue », *Cahiers d'études africaines*, 1991, n° 121, pp. 129-160 : Castes hiérarchie centralisée. **https://journals.openedition.org/cea/1462**

Ce groupe est une élite militaire, mais son rôle dépasse la simple fonction guerrière. Il s'agit aussi d'un symbole d'autorité et de stabilité :

Économie et sécurité : Les guerriers protègent les routes commerciales et assurent la libre circulation des biens et des personnes dans un empire où le commerce transsaharien était vital.

Gardiens des valeurs : En protégeant les lois et la Charte elle-même, ils incarnent une autorité morale en plus de leur force physique.

Organisation décentralisée : Le chiffre 16 pourrait indiquer une répartition territoriale des forces, avec des porteurs de carquois représentant des unités militaires locales, renforçant ainsi la gouvernance régionale.[41]

Les ton tigui : Une autre catégorie (porteurs de carquois) statutaire de horon dans les sociétés soudanaises est les ton tigui porteurs de carquois aussi appelé ton Djon. Parmi eux, se recrutaient les sofas ou guerriers. Les tondjon[42] ou esclaves de la communauté constituaient les guerriers des différentes armées soudanaises. Par exemple, Biton Koulibali du royaume de Ségou a créé vers 1669/1670 ses ton djon après avoir fait la paix avec le roi du Mandé Mama Maghan. Au sein du groupe horon, d'autres catégories d'hommes libres constituaient les clients des familles princières et des ton tigui. Ce sont les gnamakala et les marabouts.[43]

---

[41] Djibril Tamsir Niane, *Histoire générale de l'Afrique* (UNESCO vol. 4), 1984, p. 105 : 16 clans *tontajon taniworo* (porteurs carquois) répartition provinces, gouvernance
régionale. **https://unesdoc.unesco.org/ark:/48223/pf0000186211**

[42] Dans les milieux malinkés, cette appellation devient « Ton tigui » ou chef d'association, détenteur des règles afférentes l'association.

[43] Bakary CAMARA ; « L'esclavage au Soudan français : 1848-1931 », *Nouvelles Annales Africaines*, Édition spéciale 2012 ; pp. 4-5.

2. Les marabouts : piliers spirituels et éducatifs

Le rôle des marabouts dépasse la sphère religieuse :

Enseignants : Ils perpétuent les savoirs à travers les écoles coraniques et la transmission des valeurs religieuses et éthiques.

Conseillers politiques : Dans le Mandé, les marabouts influencent les décisions politiques en conseillant les dirigeants sur des questions morales ou stratégiques.

Guérisseurs spirituels : À une époque où médecine et religion étaient intimement liées, ils jouaient un rôle crucial dans le bien-être collectif.

3. Les nyamakalas : architectes culturels et économiques

Les nyamakalas sont des artisans, mais aussi des gardiens de la mémoire et des traditions. Leur importance va bien au-delà du travail manuel :

Symbolisme : Les forgerons (numu), par exemple, sont perçus comme des alchimistes capables de transformer des matières brutes en outils précieux, incarnant une symbolique de transformation et de progrès.

Médiateurs sociaux : Les griots, véritables « bibliothèques vivantes », jouent un rôle crucial dans la résolution des conflits en rappelant les alliances et les récits historiques.[44]

Transmission des savoirs : Ce groupe garantit que les techniques et les récits culturels restent vivants au fil des générations.

---

[44] Tal Tamari, « Griots et castes », *Cahiers études africaines*, 1991, n° 121 : « Bibliothèques vivantes » mémoire alliances, médiateurs neutres. **https://journals.openedition.org/cea/1462**

Dimensions sociologiques et philosophiques

L'interdépendance comme clé de l'harmonie sociale

La société mandingue repose sur un modèle où chaque classe contribue à l'équilibre général. Les rôles sont différenciés mais interdépendants :

Les porteurs de carquois protègent, permettant aux marabouts d'enseigner et aux nyamakalas de créer.[45]

Les marabouts prient et enseignent, renforçant l'unité spirituelle nécessaire à la cohésion sociale.[46]

Les nyamakalas produisent et préservent, créant un cadre matériel et culturel pour la vie en société.[47]

Ce modèle illustre une vision d'écosystème social, où aucune fonction ne peut être négligée sans déséquilibrer l'ensemble. La société s'est développée en Afrique noire selon des structures et des régimes, mais on y trouve des traits communs, si l'un se caractérisait par la prépondérance de la coutume facteur de stabilité et cohésion sociale et l'individualisation de certaines ; la famille, le clan et la tribu d'une part et l'État d'autre part. À chacun de ces stades correspond respectivement la prépondérance des liens de sang et des liens sociaux ou celle des liens politiques[48].

---

[45] Protection : Porteurs (*ton-tigi* carquois) sécurisent routes/villages, exécutent Charte (arts. 5,44), libérant marabouts enseignement (*mori kanda*), nyamakalas forgeage/griots parole.

[46] Enseignement : Marabouts (Diane, Bereté, Touré, Cissé, Sylla) écoles villages, moralité ; protégés pour instruire futurs guerriers/artisans

[47] Création : Nyamakalas (djeli griots, numu forgerons, garanke cordonniers, fina bardes) innovation technique/mémoire alliances ; paix assurée par porteurs.

[48] Lassine DIARRA ; « L'évolution du statut des autorités traditionnelles : étude comparée Mali-Côte d'Ivoire », *Laboratoire d'Etudes et de Recherches en Droit, Décentralisation et Développement Local (LERDDL) ; Thèse de Doctorat en Droit public,IPU 2024*, p.5.

Les limites de la division sociale

Bien que fonctionnelle, cette division peut être perçue comme rigide et génératrice d'inégalités :

Mobilité sociale restreinte : La naissance dans un groupe détermine souvent la trajectoire de vie d'un individu, limitant les possibilités d'épanouissement personnel hors de ce cadre.

Exclusion implicite des femmes : L'article ne mentionne pas directement les femmes, bien que leur rôle dans les sphères économiques, familiales et spirituelles soit fondamental. Cela pourrait refléter une organisation patriarcale où les contributions féminines ne sont pas institutionnalisées.

Le poids de la tradition : Si ce système assure la stabilité, il pourrait entraver l'innovation ou l'adaptation aux changements sociaux.

Portée contemporaine et réflexions critiques

Un modèle inspirant pour la gouvernance moderne

Cet article peut inspirer les structures contemporaines en mettant en avant : L'importance de la spécialisation. Une société équilibrée repose sur la reconnaissance et la valorisation des compétences de chaque groupe. L'interdépendance fonctionnelle. Les institutions modernes pourraient tirer des leçons de cette organisation en favorisant une coopération étroite entre les différents secteurs, comme l'éducation, la défense et la culture. Le respect des traditions. Dans un monde globalisé, il est essentiel de préserver les savoir-faire locaux et la diversité culturelle.

Vers une interprétation moderne

Pour être applicable aujourd'hui, ce modèle nécessite des ajustements :

Inclusion des femmes et des groupes marginalisés : Une version moderne doit intégrer pleinement la diversité des acteurs sociaux.

Flexibilité des rôles : La mobilité sociale et le libre choix des métiers sont des principes essentiels dans les sociétés contemporaines.

Universalité des droits : Toute structure sociale doit être compatible avec les principes modernes de justice et d'égalité.

Conclusion

L'article premier de la Charte du Mandé montre bien l'organisation sociale de l'un des plus grands empires africains. Il affirme une philosophie de complémentarité, d'interdépendance et de mise en valeur des compétences. Une lecture moderne de cet article implique toutefois de le replacer dans son contexte et de l'adapter aux valeurs actuelles d'égalité et de liberté. Il est donc une source d'inspiration continuelle, tout en présentant des défis quant à son intégration dans une gouvernance moderne.

Application moderne

L'Article 1er de la Charte du Mandé peut guider la gouvernance contemporaine, en mettant en avant la nécessité de la spécialisation des fonctions et de la collaboration intersectorielle pour préserver l'équilibre de la société. Ce modèle, toutefois, nécessite des ajustements pour être appliqué aujourd'hui, notamment l'inclusion des femmes et des groupes marginalisés, la promotion de la mobilité sociale, et l'adaptation des rôles aux nouvelles réalités économiques et sociales. En mettant en avant l'interdépendance, la souplesse des compétences et le respect des traditions, ce modèle peut constituer un cadre pour une gouvernance inclusive, dynamique et respectueuse des droits humains.

ARTICLE 2 :

Les Nyamakalas se doivent de dire la vérité aux chefs, d'être leurs conseillers et de défendre par le verbe les règles établies et l'ordre sur l'ensemble du royaume.

Introduction

L'article 2 met en lumière la fonction essentielle des nyamakalas comme conseillers et gardiens de l'ordre dans les sociétés africaines traditionnelles. Cette règle leur confie une charge essentielle : c'est à eux de dire la vérité aux princes, de les conseiller dans leurs résolutions et de défendre l'ordre établi dans le royaume. Les nyamakalas ont ainsi une position ambivalente, proches du pouvoir mais aussi vecteurs de régulation morale et sociale.

Ce commentaire nous permettra d'explorer les facettes historiques, sociologiques, politiques et philosophiques de leur rôle, tout en examinant les défis contemporains que leur mission pourrait rencontrer dans un monde en perpétuelle évolution respectueuse des droits humains.

Le commentaire de l'Article 2 sur le rôle des nyamakalas peut explorer les dimensions historiques, sociologiques, politiques et philosophiques liées à leur mission de dire la vérité aux chefs, d'agir comme conseillers et de défendre l'ordre établi. Voici une analyse détaillée :

1. Dimension historique et culturelle :

Les nyamakalas sont des figures centrales dans les sociétés traditionnelles d'Afrique de l'Ouest, notamment dans les sociétés mandingues.[49] Ils englobent plusieurs

[49] Les nyamakalas (castes artisanales : griots/*djeli*, forgerons/*numu*, cordonniers/*garanke*, bardes/*fina*) sont figures centrales sociétés traditionnelles Afrique Ouest, particulièrement Mandingues (Mali, Guinée, Sénégal, Côte d'Ivoire), gardiens mémoire/médiateurs/innovation technique. https://www.dalilou.fr/association-dalilou/la-culture-mandingue/

castes professionnelles (griots, forgerons, tisserands, etc.), et leur rôle dépasse le simple cadre économique ou artistique. Leur position en tant que dépositaires des traditions et de la parole sacrée leur confère une autorité morale et spirituelle.

L'obligation de vérité s'enracine dans les valeurs africaines traditionnelles où la parole publique est sacrée. La transmission de la vérité garantit la stabilité des relations sociales et politiques.

La place des conseillers auprès des chefs illustre un mode de gouvernance collégiale où le pouvoir est exercé en consultation avec des institutions ou des figures d'autorité morale.

Dans l'histoire, les griots, par exemple, ont non seulement chanté les louanges des chefs mais ont également joué le rôle de critiques ou de modérateurs, empêchant les excès de pouvoir.

2. Dimension sociologique :

L'article met en avant la responsabilité sociale des nyamakalas, qui agissent comme un pont entre les chefs et les populations. Leur rôle est celui de médiateurs, capables de défendre les valeurs collectives tout en respectant l'autorité établie.

Dire la vérité aux chefs : cela implique un devoir d'honnêteté, même au risque de déplaire à l'autorité. Dans une société hiérarchique, ce rôle est délicat car il suppose une forme de courage moral et une indépendance intellectuelle.

Défendre les règles établies et l'ordre : Ce passage reflète une fonction conservatrice : celle de garantir la continuité des normes sociales, souvent associée à la légitimité traditionnelle. Cependant, cela pourrait aussi les enfermer dans un rôle figé, potentiellement opposé à toute dynamique de changement social.

3. Dimension politique :

Cet article illustre la complémentarité entre le pouvoir politique (les chefs) et le pouvoir symbolique ou moral (les nyamakalas). Dans une monarchie ou un royaume, l'autorité politique doit être guidée par la sagesse des conseillers.[50]

La tension entre vérité et pouvoir : Dire la vérité aux chefs peut parfois confronter les nyamakalas à des dilemmes éthiques. Le pouvoir en place peut ne pas être réceptif à la vérité, ce qui expose les nyamakalas à des risques, y compris l'exclusion ou la répression.

La défense de l'ordre : En tant que gardiens des normes, ils participent à la légitimation du pouvoir, mais cela peut aussi les placer dans une position ambiguë si l'ordre en question est injuste ou tyrannique. Cette responsabilité pose donc la question de leur loyauté : est-elle envers les chefs ou envers la société dans son ensemble ?

4. Dimension philosophique et morale :

L'obligation de vérité inscrite dans cet article est particulièrement intéressante d'un point de vue éthique. Elle souligne la place centrale de la vérité comme valeur fondamentale dans la gouvernance traditionnelle.

La vérité comme pilier de justice : Dire la vérité aux dirigeants n'est pas seulement une question de loyauté, mais un devoir moral qui assure la justice et l'équité. Ce rôle est d'autant plus critique dans des sociétés où les dirigeants disposent d'une grande latitude.

L'usage du verbe : Dans les sociétés à tradition orale, la force de la parole en tant qu'arme sociale et politique est un thème qui revient souvent. En défendant «par le verbe»

---

[50] Youssouf Tata Cissé, *Le Droit traditionnel mandingue*, Karthala, 2003, art. 2 p. 36 : « Nyamakalas se doivent dire vérité chefs, être conseillers, défendre règles par verbe ». **https://www.karthala.com/produit/le-droit-traditionnel-mandingue-le-pacte-de-kurukan-fuga-9782845865363**

l'ordre établi, les nyamakalas montrent que la parole peut être un outil de construction (conseil, apaisement) ou de destruction (critique, défiance).

5. Enjeux contemporains et comparaisons modernes :

Dans un contexte contemporain, le rôle des nyamakalas pourrait être comparé à celui des intellectuels ou des conseillers dans les régimes modernes. Leur mission de vérité et de conseil reste cruciale, mais elle est parfois pervertie par des pressions politiques ou des intérêts personnels.[51]

Risques de déviation : Si les nyamakalas deviennent des complices des chefs en dissimulant la vérité ou en justifiant des décisions arbitraires, ils trahissent leur mission. Cela illustre un défi universel : comment garantir l'indépendance et l'intégrité de ceux qui sont chargés de conseiller les détenteurs du pouvoir ?

Leur rôle face au changement : Dans un monde en évolution rapide, où les normes sociales et politiques sont en mutation, les nyamakalas doivent adapter leur rôle. Ils peuvent devenir des catalyseurs de changement tout en respectant les valeurs fondamentales.

Conclusion générale :

L'Article 2 consacre les nyamakalas comme des acteurs essentiels dans la préservation de l'équilibre social et politique. Leur responsabilité de dire la vérité, de conseiller et de défendre l'ordre en fait des figures de régulation et de cohésion. Cependant, cette position, bien que valorisée, est également délicate et exigeante. Elle

---

[51] Tal Tamari, « Le pouvoir des griots », *Cahiers études africaines*, 1991, n° 121, pp. 140-155 : Nyamakalas sagesse morale contre abus pouvoir (*sansama* louanges/satire), équilibre monarchie. **https://journals.openedition.org/cea/1462**

repose sur une éthique irréprochable, un engagement envers la justice et une capacité à naviguer entre tradition et modernité. Leur efficacité dépend de leur indépendance vis-à-vis des chefs et de leur capacité à représenter l'intérêt collectif.

Application moderne

L'article 2 de la Charte du Mandé, qui confie aux nyamakalas la tâche de dire la vérité aux chefs, de les conseiller et de défendre l'ordre établi, trouve une application contemporaine dans les fonctions des conseillers politiques, des lanceurs d'alerte et des médiateurs sociaux. Aujourd'hui, cette fonction symbolise l'importance de l'indépendance et de l'intégrité des conseillers face au pouvoir, veillant à ce que la vérité soit entendue, même au prix de la confrontation. Tout comme leurs prédécesseurs, les nyamakalas modernes sont indispensables pour faire en sorte que le pouvoir demeure juste, transparent et respectueux des droits et des normes sociales.

ARTICLE 3 :

Les Morikanda Lolu (les cinq classes de marabouts) sont nos maîtres et nos éducateurs en islam. Tout le monde leur doit respect et considération.

L'article établit une obligation implicite de respect et de considération envers les morikanda Lolu[52], mais il ne précise pas la nature de cette obligation. Est-elle de nature :

Morale ou sociale ?

Dans ce cas, il s'agirait d'une norme coutumière qui n'a pas vocation à produire des effets juridiques contraignants, mais qui joue un rôle dans le maintien de l'harmonie sociale et le renforcement des structures traditionnelles.[53]

Religieuse ?

Si l'article s'inscrit dans un cadre purement religieux, il peut être perçu comme une obligation découlant des préceptes de l'islam. Cela le limiterait au domaine spirituel, sans prétendre à une application juridique universelle.

Juridique ?

Si l'article figure dans une constitution, une loi ou un texte règlementaire, il acquiert une force obligatoire qui pourrait potentiellement restreindre des droits fondamentaux, ce qui soulève des préoccupations importantes.

La distinction entre ces trois approches est cruciale pour évaluer la légitimité de l'article et sa portée.

---

[52] Les morikanda Lolu désignent les cinq classes de marabouts dans la Charte de Kurukanfuga (Article 3), maîtres spirituels et éducateurs en islam au sein de l'organisation sociale mandingue, symbolisant l'intégration religieuse dans la gouvernance empire Mali (XIIIe siècle)

[53]

2. Dimension constitutionnelle : Compatibilité avec les principes fondamentaux

a) Liberté de conscience et de religion

La reconnaissance des morikanda Lolu comme maîtres et éducateurs peut être perçue comme une tentative de sacraliser un groupe particulier de leaders religieux. Or, dans un cadre constitutionnel garantissant la liberté de conscience (comme dans l'article 18 du Pacte international relatif aux droits civils et politiques - PIDCP), cela pourrait être interprété comme une forme de coercition religieuse.

Si cette obligation impose un respect universel (notamment envers des individus qui ne partagent pas les croyances ou pratiques de l'islam), elle pourrait porter atteinte à la liberté de conscience, ce qui serait contraire aux principes des sociétés démocratiques et pluralistes.

b) Principe d'égalité et de non-discrimination

L'article semble accorder un statut privilégié aux morikanda Lolu, ce qui pourrait entraîner une discrimination à l'égard d'autres acteurs religieux, éducateurs ou même des citoyens ordinaires.

Si l'État soutient directement ces classes de marabouts, il risque de violer le principe d'égalité devant la loi, protégé par de nombreux systèmes juridiques.

c) Neutralité religieuse de l'État

Dans un État laïc ou pluraliste, cet article pourrait être considéré comme contraire au principe de neutralité religieuse, qui stipule que l'État ne doit ni favoriser ni défavoriser aucune religion. S'il est appliqué dans un contexte constitutionnel, l'article pourrait être jugé inconstitutionnel au motif qu'il empiète sur les affaires religieuses.

3. Analyse comparative : Études de cas et exemples pertinents

a) Cadres religieux :

Dans bien des sociétés islamiques, les guides religieux (imams, marabouts, cheikhs) occupent une place centrale dans la vie sociale et spirituelle. Par exemple :

Au Sénégal, les confréries soufies et leurs marabouts bénéficient d'un respect certain, mais cette reconnaissance demeure largement informelle et n'est pas ancrée dans les textes de loi.

En Arabie Saoudite, pays où la loi islamique (la charia) fait l'objet d'une codification, les enseignants de la religion disposent d'un statut institutionnel. Leur autorité s'exerce toutefois dans un cadre juridique qui peut être remis en cause en fonction des changements politiques.

b) Cadres laïcs :

Dans des États laïcs comme le Mali, les normes religieuses ne peuvent être imposées dans la sphère publique. Un article comme celui-ci serait immédiatement jugé inconstitutionnel pour atteinte à la laïcité et à la liberté de conscience. Cela illustre le fossé qui existe entre les systèmes juridiques religieux et laïcs.

c) États multiculturels :

Dans des États comme le Mali, Nigeria, où cohabitent plusieurs systèmes juridiques (droit coutumier, islamique et étatique), des dispositions similaires peuvent exister dans le droit coutumier, mais elles sont souvent limitées aux communautés qui les reconnaissent. Elles ne s'appliquent pas de manière universelle.

4. Implications juridiques pratiques

a) Sur le plan juridique

Si cet article est juridiquement contraignant, il pourrait soulever les problèmes suivants :

Absence de précision : L'article ne définit pas ce que recouvrent "respect" et "considération". Cela pourrait donner lieu à des interprétations abusives ou arbitraires.

Sanction potentielle : Quelle serait la sanction en cas de non-respect ? La criminalisation du non-respect des morikanda Lolu serait difficilement justifiable au regard des principes de proportionnalité.

b) Sur le plan social

Une telle disposition peut renforcer l'autorité des marabouts, mais aussi générer des résistances si elle est perçue comme une imposition à des personnes extérieures à la communauté ou à l'islam.

c) Sur le plan politique

L'institutionnalisation du rôle des morikanda Lolu pourrait donner lieu à une politisation de leur fonction. Cela pourrait également poser des risques pour l'indépendance des autorités religieuses face à l'État.

"Les morikanda Lolu, en tant qu'éducateurs et guides spirituels en islam, sont porteurs d'un rôle central dans la transmission des valeurs religieuses et morales de la communauté. Cette reconnaissance s'inscrit dans le respect des libertés et des croyances de chacun."

Encadrement juridique

"Dans le respect des principes de pluralisme et de liberté de conscience, les morikanda Lolu occupent une place essentielle dans l'enseignement islamique. Leur rôle éducatif est reconnu sans empiéter sur les droits fondamentaux des individus."

Conclusion :

L'article 3 tel qu'il est rédigé, s'il est intégré dans un cadre juridique contraignant, pourrait porter atteinte à certains principes fondamentaux. Il faudrait le reformuler afin d'assurer sa compatibilité avec la liberté de conscience, le pluralisme religieux et l'égalité. Il ne faut pas que la reconnaissance du rôle des morikanda Lolu porte atteinte aux droits individuels ni qu'elle engendre une discrimination institutionnelle. Il est indispensable d'assurer l'équilibre entre reconnaissance culturelle et respect des droits fondamentaux pour garantir la légitimité juridique et sociale de cet article.

Application moderne

L'article 3, qui impose le respect des morikanda Lolu en tant qu'éducateurs et maîtres en islam, soulève des questions de liberté de conscience et d'égalité. Si cet article acquiert un caractère contraignant au plan juridique, il risque de rentrer en conflit avec des principes modernes tels que la liberté de religion et la neutralité de l'État. Dans les sociétés laïques ou pluralistes, une telle disposition pourrait être déclarée inconstitutionnelle, alors que dans les systèmes multiculturels, elle pourrait être limitée aux seules communautés concernées. Pour un équilibre moderne, on propose une reconnaissance culturelle du rôle des morikanda Lolu, sans imposer un respect universel, ni un cadre juridique garantissant le respect des droits fondamentaux et du pluralisme. Il faut réexprimer l'article afin de conserver les traditions religieuses sans porter atteinte aux droits de l'individu.

Article 4 :

La société est divisée en classes d'âge. A la tête de chacune d'elles est élu un chef. Sont de la même classe d'âge les personnes (hommes ou femmes) nées au cours d'une période de trois années consécutives.

Introduction

L'article 4 de la loi étudiée met en place une organisation sociale fondée sur des classes d'âge, principe de base des sociétés africaines traditionnelles. Il déclare que les personnes d'une même classe d'âge sont celles nées au cours d'une période de trois années consécutives, et que chaque classe d'âge est dirigée par un chef élu. Cet article est original en ce qu'il montre l'implication des Kangbès dans les décisions importantes ; les Kangbès constituent une classe intermédiaire entre les jeunes et les anciens. Une analyse critique examinera l'importance de cette structure pour la régulation des rapports sociaux, la répartition des responsabilités, et les implications juridiques et historiques de cette organisation. Cette réflexion portera entre autres sur la dimension historique et anthropologique des classes d'âge, la perspective juridique de la participation des Kangbès, leur compatibilité avec les systèmes juridiques modernes, la question de l'égalité et de l'inclusivité des genres, ainsi que la comparaison avec d'autres systèmes similaires. Nous proposerons également les améliorations nécessaires pour une meilleure adaptation de cette structure aux sociétés modernes sans perdre son caractère culturel et traditionnel.

Les Kangbès (classe intermédiaire entre les jeunes et les vieux) doivent être conviés pour participer à la prise des grandes décisions concernant la société.

1. Dimension historique et anthropologique des classes d'âge

Les classes d'âge constituent une institution sociale et culturelle profondément enracinée dans l'histoire des sociétés traditionnelles africaines. Elles jouent un rôle central dans la régulation des relations intergénérationnelles et assurent une transition fluide des responsabilités au fil des cycles de vie. Dans les sociétés coutumières, les classes d'âge :

Servent à encadrer la socialisation des jeunes,

Organisent les rites de passage et d'initiation,

Structurent les fonctions militaires, économiques et politiques.

L'organisation en tranches de trois années consécutives, comme mentionnée dans l'article, montre une tentative d'équilibre entre flexibilité (en intégrant régulièrement de nouvelles générations) et stabilité (en assurant la cohérence au sein des classes).

Dans le bassin du fleuve Niger, les sociétés étaient divisées en groupes statutaires. Le statut constitue la position conférée par un système juridique à un individu à partir de critères tels que la naissance, le sexe, la profession ou l'origine sociale, et fixant ses droits et ses devoirs vis-à-vis des autres individus et des groupes sociaux dont est composée la société.

Dans les sociétés traditionnelles soudanaises, le statut de l'individu ou du groupe détermine le rôle qu'il remplit dans le cadre des relations ou rapports établis dans la communauté. Ces rapports peuvent être simples ou complexes dépendant de leurs natures.

Dans ces sociétés soudanaises (malinké, soninké, peul, Bamanan, bozo, etc.) les hommes naissaient nobles, libres, esclaves ou serfs. « […] tout au sommet de l'édifice social, se dresse une manière de noblesse constituée par le chef du clan, sa famille et les familles claniques ; au-dessous, des gens libres, purs ou castes ; enfin, des esclaves ».[54] Ainsi, ces sociétés étaient structurées autour de deux grandes catégories sociales ou groupes statutaires : les horon ou « hommes libres » et les captifs.[55]

Une analyse plus poussée pourrait étudier les fondements historiques de ce découpage particulier et comparer avec d'autres systèmes similaires en Afrique.

2. Perspective juridique sur la participation des Kangbès

L'article insiste sur le rôle des Kangbès, une classe intermédiaire, dans la prise de grandes décisions. Cela reflète une conception équilibrée de la gouvernance coutumière où les jeunes, encore en formation, et les anciens, souvent perçus comme conservateurs, sont complétés par un groupe intermédiaire capable d'assurer une dynamique adaptative.

Implications juridiques :

Nature juridique de la participation des Kangbès : L'article n'explicite pas si la participation des Kangbès est simplement consultative ou décisionnelle. Une participation consultative peut limiter leur pouvoir réel, tandis qu'une participation décisionnelle leur conférerait une influence plus substantielle. Une précision normative est nécessaire pour éviter des ambiguïtés dans l'application.

Comparaison avec les systèmes modernes : Cette disposition s'apparente à une logique bicamérale dans laquelle une instance "intermédiaire" joue un rôle pivot. En droit constitutionnel moderne, cette logique peut être rapprochée du principe de contre-pouvoirs ou de chambres

---

[54] Monteil, C. (1923). Les bambaras du Ségou et du Kaarta (étude historique, ethnographique et littéraire d'une peuplade du Soudan français), Publication du Comité d'Études Historiques et Scientifiques. Paris Vème, Émile Larose.
[55] Bakary CAMARA ; « L'esclavage au Soudan français : 1848-1931 » ; *Nouvelles Annales Africaines Édition spéciale 2012* ; pp.4-5.

de réflexion (comme le Sénat dans les démocraties modernes).

3. Compatibilité avec les systèmes juridiques modernes

L'article 4, bien qu'enraciné dans un cadre coutumier, suscite des interrogations sur sa compatibilité avec les institutions étatiques contemporaines. Plusieurs aspects méritent d'être approfondis :

Reconnaissance légale des structures coutumières : Dans les systèmes juridiques africains, les normes coutumières coexistent souvent avec les systèmes juridiques modernes dans un cadre de pluralisme juridique. [56] Toutefois, leur intégration dans le droit formel reste limitée et peut entraîner des conflits normatifs.

Force exécutoire des décisions : Si les grandes décisions sociétales prises avec la participation des Kangbès doivent être appliquées, une question clé est celle de leur force juridique. Sont-elles exécutoires uniquement dans la sphère coutumière, ou peuvent-elles s'étendre à des domaines régis par le droit positif ?

Interaction avec l'État : L'article n'aborde pas comment cette organisation coutumière interagit avec les structures formelles (chefferies reconnues, communes, tribunaux locaux). Un modèle de cohabitation devrait être envisagé pour éviter des tensions institutionnelles.

---

[56] Les systèmes juridiques africains reconnaissent souvent les normes coutumières dans un cadre de pluralisme juridique, où le droit moderne coexiste avec les structures traditionnelles, sous réserve de compatibilité avec les Constitutions et la Charte africaine des droits de l'homme et des peuples (CADHP). Cette reconnaissance légale permet l'intégration de mécanismes comme les Kangbés (Article 4 Charte Kurukan Fuga) via des conseils coutumiers ou forums intergénérationnels, tout en subordonnant les coutumes aux droits fondamentaux

4. Dimension égalitaire et inclusive

L'inclusion des hommes et des femmes dans une même classe d'âge, bien que soulignée dans l'article, appelle à une analyse plus approfondie pour évaluer :

L'égalité dans les fonctions dirigeantes : L'élection des chefs de classe garantit-elle un accès équitable aux fonctions pour les femmes ?

Les pratiques sociales locales : Les coutumes locales limitent-elles implicitement la participation féminine ? Si oui, des réformes pourraient être nécessaires pour garantir une pleine égalité de participation.

5. Comparaison avec d'autres systèmes similaires

D'autres exemples africains et internationaux de gouvernance par classes d'âge permettent d'éclairer les enjeux de cet article :

Chez les Massaïs (Kenya/Tanzanie) : Les classes d'âge jouent un rôle prépondérant dans les fonctions militaires et politiques, mais les décisions clés sont souvent réservées aux anciens.[57]

Chez les Bamanans (Mali) : la ville de Ségou a été créée par un religieux Soninké plus occupé à l'enseignement de l'islam qu'à la défense du village contre les razzias des Maures venus du Nord. Biton Coulibaly, le fondateur du royaume Bamanan de Ségou, a pris le pouvoir parce qu'il a su organiser cette défense avec son groupe d'âge.[58]

---

[57]Dorothy Ellen Huntington, « The Maasai age system and the Loonkidongi prophets », *Journal of Eastern African Studies,* vol. 11, n° 3, 2017, p. 460-481. Analyse prophètes et gestion intergénérationnelle.

[58] Les communautés qu'on appelle Bamanan et qui se reconnaissent en tant que telles sont composées aujourd'hui de Sénoufo, de Minyanka et de Bambara. Ces peuples ont quitté leur pays d'origine, le Mandé, bien après la

Systèmes occidentaux : Bien qu'organisés différemment, des institutions comme les ordres professionnels ou les sénats représentent des exemples d'organisations fondées sur des fonctions intergénérationnelles ou spécialisées.

Une comparaison approfondie pourrait souligner les forces et les limites du système décrit dans l'article, notamment son adaptabilité à des contextes contemporains.

Conclusion

L'Article 4 propose un cadre novateur pour la gouvernance coutumière, combinant tradition et logique participative. Cependant, pour répondre pleinement aux exigences des sociétés modernes, il nécessite une adaptation juridique afin de garantir sa compatibilité avec les institutions étatiques, de préciser les droits et devoirs des différentes classes et de promouvoir une véritable égalité de participation. Ces ajustements renforceraient non seulement la cohérence interne de ce système, mais aussi sa pertinence dans des contextes contemporains.

Application moderne

L'Article 4, qui organise la société en classes d'âge et attribue aux Kangbès un rôle décisionnel, repose sur une structure traditionnelle fondamentale dans les sociétés

---

chute du Ghana, pour s'installer dans le Toron au Sud-Est de Kankan et au Nord Est du Mandé dans la région de Ségou, au début du XIIIè siècle pour échapper à la domination malinké (Delafosse M. 1972). Le Mandé original est la région où vivent les Malinkés. Il s'étendait des rives de la Gambie à Kankan (dans la Guinée Conakry contemporaine) et de Kankan à Woyowayanko près de Bamako (dans le Mali actuel) en passant par Kaaba (Kangaba) et Siby. Il englobait également la région allant de Woyowayanko à Tambankounda en passant par Kita et Kéniéba, dans le bassin du fleuve Sénégal. La Capitale était Dakadialan. L'Empire du Mandé (l'Empire du Mali) à son apogée s'étendait de la Casamance au Macina, d'Ouest en Est de Tichit en Mauritanie à Beyla (dans l'actuelle Guinée Conakry) du Nord au Sud. Op.cit, Bakary CAMARA ; « L'esclavage au Soudan français : 1848-1931 » ; *Nouvelles Annales Africaines Édition spéciale,* 2012 ; p.3.

africaines. Pour être compatible avec les systèmes juridiques modernes, il est nécessaire de clarifier le pouvoir des Kangbès (consultatif ou décisionnel) et d'intégrer cette structure dans le droit formel tout en garantissant son adaptabilité. L'égalité des genres doit également être renforcée, en assurant une pleine participation des femmes dans les fonctions dirigeantes. Des réformes juridiques et sociales sont proposées pour mieux intégrer ce système dans les sociétés contemporaines tout en préservant ses valeurs culturelles.

Article 5 :

Chacun a le droit à la vie et à la préservation de son intégrité physique. En conséquence, toute tentation d'enlever la vie à son prochain est punie de la peine de mort.

Introduction

L'article 5, qui consacre à la fois le droit à la vie et l'instauration de la peine de mort comme sanction en cas d'atteinte à ce droit, pose des questions cruciales quant à la compatibilité entre les principes de dignité humaine et les mécanismes de rétribution appliqués dans le cadre judiciaire. Cet article invite en effet à une profonde réflexion sur le rôle de la justice, la protection des droits humains et l'évolution des normes juridiques internationales. Cette analyse portera sur le droit à la vie en tant que principe fondamental, l'encadrement de la peine de mort comme sanction, et les interrogations que soulève cette disposition, d'un point de vue juridique, philosophique et pratique.

L'énoncé de l'article 5 appelle à un commentaire structuré et rigoureux, qui prend en compte les dimensions juridiques, philosophiques et pratiques de ce texte.[59] Nous examinerons successivement :

1. Le droit à la vie comme principe fondamental, 2. La consécration de la peine de mort comme sanction, et 3. Les problématiques soulevées par une telle disposition

[59] Après Kirina, Soundjata convoque représentants des douze provinces mandingues sous égide de Kamadjan Camara (roi de Sibi), promulguant 44 articles pour pacification : Art. 5 répond à chaos meurtriers sous Soumaoro, imposant peine capitale pour homicides afin de consolider unité via droit à la vie universel. http://africansecuritynetwork.org/assn/wp-content/uploads/2017/02/La-Charte-de-Kurukan-Fuga-dans-le-contexte-de-mise-en-%C5%93uvre.pdf

1. Le droit à la vie comme principe fondamental

L'article consacre le droit à la vie et à l'intégrité physique comme un droit fondamental. Cette reconnaissance est en parfaite cohérence avec les grands textes juridiques internationaux, tels que l'article 3 de la Déclaration universelle des droits de l'homme (1948) : "Tout individu a droit à la vie, à la liberté et à la sûreté de sa personne." De même, l'article 6 du Pacte international relatif aux droits civils et politiques (PIDCP) réaffirme la protection de la vie en interdisant les privations arbitraires de celle-ci.

L'article 5, par sa formulation, semble vouloir faire de ce droit une valeur cardinale, incontournable, imposant ainsi un impératif de protection de l'intégrité physique.

2. La peine de mort comme sanction de la privation de la vie

La deuxième partie de l'article instaure la peine de mort comme sanction pour toute atteinte volontaire à la vie d'autrui. Une telle disposition, bien qu'acceptée dans certains États, s'inscrit dans un débat juridique intense.

Légalité et cadre juridique : L'article 6 du PIDCP autorise la peine de mort dans les États qui ne l'ont pas abolie, mais sous des conditions strictes, notamment pour les "crimes les plus graves" et avec un procès équitable. La disposition de l'article 5 semble s'aligner sur cette exception.

Objectif dissuasif : Le recours à la peine de mort dans cet article vise probablement un effet dissuasif, affirmant un principe fort de responsabilité pour les atteintes à la vie humaine. En cela, il se rattache à une logique de justice rétributive.

3. Problématiques et critiques

Cependant, cette disposition soulève plusieurs enjeux et interrogations, tant pratiques que philosophiques :

L'irréversibilité de la peine de mort : L'erreur judiciaire est une problématique majeure. Dans de nombreux cas, des individus condamnés à mort se sont révélés innocents après coup. L'irréversibilité de la peine capitale en fait une sanction particulièrement délicate à manier.

Évolution des droits humains : Dans un contexte international marqué par une tendance abolitionniste, la peine de mort est considérée par de nombreux juristes comme une violation du droit à la dignité humaine. Une majorité croissante d'États a aboli la peine de mort, au motif qu'elle constitue une atteinte aux droits fondamentaux.

L'inefficacité dissuasive : Des études montrent que la peine de mort n'a pas systématiquement un effet dissuasif supérieur à celui d'autres peines, comme l'emprisonnement à perpétuité.

Compatibilité avec une approche humaniste : En valorisant le droit à la vie dans sa première partie, l'article semble entrer en tension avec sa seconde partie, qui prévoit la suppression de ce même droit par l'État dans certaines circonstances.

Conclusion

L'article 5, en consacrant le droit à la vie et en instaurant la peine de mort comme sanction, reflète une vision classique de la justice pénale fondée sur la rétribution. Toutefois, cette disposition soulève des interrogations majeures à la lumière des évolutions du droit international et des droits de l'homme. Un débat s'impose pour évaluer si cette sanction est en accord avec une conception moderne et progressiste de la justice, qui privilégie la réhabilitation plutôt que la rétribution ultime.

L'article 5, dans le contexte malien, illustre les tensions entre la reconnaissance du droit à la vie et le maintien de la peine de mort. Si le Mali reste abolitionniste de fait, il est confronté à des défis importants liés à l'instabilité, aux violences terroristes et à un système judiciaire fragile. L'évolution récente dans d'autres pays africains montre que l'abolition de la peine capitale, combinée à des réformes de justice transitionnelle, pourrait renforcer la protection des droits humains au Mali tout en contribuant à une paix durable.

Application moderne

L'Article 5, qui reconnaît le droit à la vie tout en instaurant la peine de mort comme sanction, soulève des débats importants dans le contexte juridique moderne. Dans un monde de plus en plus axé sur la protection des droits humains, la peine de mort est vue par beaucoup comme une violation irréversible du droit à la vie. De nombreux pays, y compris des États africains, ont aboli cette peine, considérant que des alternatives comme l'emprisonnement à perpétuité sont plus respectueuses des droits fondamentaux tout en maintenant la sécurité publique.

Article 6:

Pour gagner la bataille de la prospérité, il est institué le Kön¨gbèn Wölö (un mode de surveillance) pour lutter contre la paresse et l'oisiveté.

Introduction

L'article 6 crée le Kön¨gbèn Wölö, un système de surveillance destiné à combattre la paresse et l'oisiveté afin de favoriser la prospérité. Bien que motivée par une volonté de stimulation économique et de promotion de la productivité, cette mesure soulève de nombreuses questions quant à sa compatibilité avec les principes de l'État de droit, les libertés individuelles et la proportionnalité des mesures de contrôle. Cette analyse réfléchit sur le fondement juridique de cette mesure, sa compatibilité avec les droits fondamentaux, les risques de discrimination et d'abus, et suggère des pistes pour une application conforme aux principes du droit moderne.

L'article 6 crée une disposition inédite, le Kön¨gbèn Wölö, qui est une façon de surveiller et de combattre la paresse et l'oisiveté. Cet article soulève d'importantes interrogations juridiques et sociétales, notamment quant à sa compatibilité avec les principes fondamentaux de l'État de droit, les libertés individuelles et la proportionnalité des mesures de contrôle.

Fondement juridique et justification de la mesure :

La mise en place d'un mécanisme tel que le Kön¨gbèn Wölö peut être interprétée comme une réponse à des préoccupations économiques et sociales visant à promouvoir la productivité et la prospérité. Toutefois, il serait pertinent d'examiner la base légale précise de cette mesure dans le cadre constitutionnel et législatif existant. Le droit contemporain exige que de telles initiatives soient fondées sur des textes légaux clairs et conformes aux principes généraux du droit, tels que la légalité et la nécessité.

Compatibilité avec les droits et libertés fondamentaux :

Une surveillance visant à combattre la "paresse et l'oisiveté" peut entrer en conflit avec plusieurs libertés fondamentales, notamment la liberté individuelle (article consacré aux droits de la personne dans la plupart des constitutions modernes) et le droit à la vie privée. En droit public, toute restriction de droits fondamentaux doit répondre à un impératif d'intérêt général proportionné et justifié. Le caractère subjectif des notions de "paresse" et d'"oisiveté" peut poser un problème d'arbitraire dans l'application de cet article.

Le risque de discrimination et d'abus :

L'article ne précise pas les critères ou les mécanismes objectifs permettant de déterminer qui serait visé par cette surveillance. Sans définition claire, ce dispositif pourrait aboutir à une application discriminatoire ou disproportionnée, affectant notamment des groupes socio-économiques vulnérables. Une absence de garde-fous pourrait ouvrir la porte à des abus de pouvoir.

Analyse contextuelle et sociologique :

L'article semble répondre à un impératif de dynamisation économique dans un contexte où la productivité collective est essentielle à la prospérité nationale. Cependant, les solutions juridiques proposées devraient s'accompagner de mesures incitatives ou éducatives, plutôt que coercitives, afin de mieux correspondre aux standards contemporains de promotion du travail et de l'inclusion sociale.

Suggestions pour une application conforme au droit :

Préciser les termes clés tels que "paresse" et "oisiveté" dans un cadre légal afin d'éviter des interprétations arbitraires.

Prévoir des mécanismes de contrôle judiciaire ou administratif pour superviser l'application de la mesure.

Introduire des dispositions garantissant le respect des droits fondamentaux et limitant les abus potentiels.

Accompagner ce dispositif de politiques éducatives, sociales ou économiques pour offrir des alternatives constructives à la population.

En conclusion, bien que l'objectif de l'Article 6 puisse apparaître louable dans **le** cadre d'une quête de prospérité, son application soulève des défis juridiques importants. Une mise en œuvre effective nécessiterait des réformes législatives et un encadrement strict afin de garantir son alignement avec les principes de justice sociale et de respect des droits humains.

Application moderne

L'Article 6 instaure le Kön¨gbèn Wölö, un mécanisme de surveillance visant à lutter contre la paresse et l'oisiveté pour promouvoir la prospérité. Cependant, cette mesure soulève des questions sur sa compatibilité avec les libertés individuelles et les droits fondamentaux, notamment la liberté personnelle et le droit à la vie privée. La vague définition de la "paresse" et de l'"oisiveté" pourrait mener à des interprétations arbitraires, entraînant des discriminations et des abus. Pour une application moderne, il est nécessaire de préciser ces termes, mettre en place des mécanismes de contrôle judiciaire et accompagner cette mesure de politiques éducatives et sociales afin de promouvoir la productivité de manière respectueuse des droits humains.

Article 7:

Il est institué entre les Mandenkas le Sanankunya (cousinage à plaisanterie) et le Tanamanyöya (forme de totémisme). En conséquence, aucun différent né entre ces groupes ne doit dégénérer, le respect de l'autre étant la règle. Entre beaux-frères et belles-sœurs, entre grands-parents et petits-enfants, tolérance et le chahut doivent être le principe.

Introduction

L'article 7 met en exergue deux notions fondamentales de la culture mandenka, à savoir le sanankunya (cousinage à plaisanterie) et le tanamanyöya (totémisme), qui assurent la cohésion sociale et préviennent les conflits dans cette communauté. Bien que profondément ancrés dans la tradition, ces mécanismes posent des questions juridiques et socio-anthropologiques quant à leur articulation avec les systèmes juridiques modernes. Cette analyse examinera le rôle de ces pratiques traditionnelles dans la régulation des relations sociales, leurs implications juridiques et les défis et opportunités auxquels elles sont confrontées dans le contexte du pluralisme juridique.

Cet article consacre deux concepts fondamentaux des Mandenkas : le sanankunya (cousinage à plaisanterie) et le tanamanyöya (totémisme). Ces mécanismes socioculturels visent à renforcer la cohésion sociale et à prévenir les conflits, ce qui soulève plusieurs observations d'ordre juridique et socio-anthropologique.[60]

---

[60] Il est institué entre les Mandenkas le sanankuya (cousinage à plaisanterie) et le tanamanyöya (forme de totémisme). En conséquence, aucun différend né entre ces groupes ne doit dégénérer, le respect de l'autre étant la règle. » (Wa Kamissoko / Y.T. Cissé, *Le Droit traditionnel mandingue*, Karthala, 2003, p. 37). https://oidp-afrique.org/wp-content/uploads/2020/04/Charte-de-Kouroukanfouga-1.pdf

1. Sanankunya : un outil de résolution des conflits

Le cousinage à plaisanterie se présente comme une norme coutumière visant à désamorcer les tensions entre individus ou groupes. En prescrivant des relations basées sur la tolérance, la plaisanterie et le respect mutuel, le sanankunya constitue une forme de justice alternative et informelle.[61]

Valeur juridique : Bien qu'il ne soit pas codifié dans le cadre du droit positif, le sanankunya peut être interprété comme une méthode de médiation culturelle[62]. Il s'inscrit dans les mécanismes de règlement pacifique des différends, conformément à l'esprit de l'article 33 de la Charte africaine des droits de l'homme et des peuples, qui promeut la solidarité entre les communautés.

Limites et défis : Toutefois, son efficacité repose sur la bonne foi des parties et sur le respect des valeurs traditionnelles. L'influence croissante des structures juridiques étatiques peut parfois éclipser ces pratiques coutumières.

2. Tanamanyöya : entre identité culturelle et pluralisme juridique

Le tanamanyöya repose sur un système de totémisme, liant des groupes sociaux à des symboles ou animaux totémiques. Cette relation symbolique est un marqueur identitaire fort et peut également jouer un rôle dans la prévention des conflits.

---

[61] Entre "cousins à plaisanterie", échanges verbaux satiriques obligent pardon immédiat, excluant violence/rancune ; violation entraîne médiation griotique (Art. 43 Charte) ou exclusion sociale. Héritage pré-1236 institutionnalisé post-Kirina pour cohésion multiethnique.

[62] Le sanankuya, bien que non codifié dans le droit positif malien ou ouest-africain, bénéficie d'une valeur juridique coutumière reconnue dans le cadre du pluralisme normatif, opérant comme méthode de médiation culturelle complémentaire aux juridictions étatiques.

Reconnaissance juridique : Le totémisme, en tant qu'expression d'une coutume, relève du pluralisme juridique souvent présent dans les sociétés africaines. Il reflète l'interdépendance entre droit coutumier et droit positif. La protection des identités culturelles est également affirmée dans des instruments internationaux, comme la Convention de l'UNESCO de 2003 sur la sauvegarde du patrimoine culturel immatériel.

Risque de marginalisation : Une intégration insuffisante de ces pratiques dans les systèmes juridiques modernes pourrait mener à leur marginalisation, ce qui soulève des questions sur l'égalité et le respect des droits culturels.

3. Les relations familiales comme vecteurs de cohésion

La mention explicite des relations entre beaux-frères, belles-sœurs, grands-parents et petits-enfants illustre l'importance de la famille élargie dans la société mandenka. Ces relations codifiées par des normes sociales, telles que la tolérance et le chahut, contribuent à une solidarité intergénérationnelle.

Aspects juridiques : Ces obligations de respect mutuel s'apparentent à des devoirs moraux et sociaux qui, dans certains cas, peuvent influencer la jurisprudence ou l'élaboration de règles communautaires.

Conclusion

Cet article met en lumière l'importance des mécanismes coutumiers dans la régulation sociale et la prévention des conflits. Si le sanankunya et le tanamanyöya constituent des outils efficaces pour maintenir la paix sociale, leur intégration dans des cadres juridiques modernes doit être réfléchie. Cela passe par une reconnaissance officielle et un dialogue entre les systèmes juridiques coutumiers et étatiques, tout en veillant à préserver l'essence de ces pratiques ancestrales.

Ce commentaire s'efforce d'examiner l'article 7 sous un prisme juridique, en prenant en compte à la fois les aspects anthropologiques et les défis de leur interaction avec le droit moderne.

Interaction des mécanismes traditionnels avec le droit moderne

L'interaction entre les pratiques traditionnelles, comme le sanankunya et le tanamanyöya, et le droit moderne pose plusieurs questions, notamment en matière de reconnaissance juridique, d'intégration dans les systèmes juridiques étatiques, et de coexistence harmonieuse. Cette interaction peut être analysée à travers les perspectives suivantes :

1. Reconnaissance juridique des normes coutumières

Dans de nombreux pays africains, le droit coutumier coexiste avec le droit positif, souvent hérité des systèmes coloniaux. Cette dualité juridique pose la question de la place des normes comme le sanankunya et le tanamanyöya dans les cadres juridiques modernes.

Compatibilité : Le sanankunya, en tant que mécanisme de résolution pacifique des conflits, pourrait être reconnu comme une forme de médiation communautaire. Cela pourrait être intégré dans les systèmes judiciaires modernes en tant qu'alternative aux tribunaux étatiques, notamment dans les affaires de nature intercommunautaire.

Reconnaissance constitutionnelle : Certains pays reconnaissent le rôle du droit coutumier dans leurs constitutions (par exemple, l'article 8 de la Constitution du Niger), tant qu'il ne viole pas les droits fondamentaux. Cela ouvre la voie à une formalisation partielle de ces pratiques.

2. Défis d'intégration dans le droit moderne

Conflits de normes : Il existe un risque de conflit entre les principes des pratiques coutumières et les normes universelles consacrées par le droit moderne, notamment en matière de droits humains. Par exemple, le caractère non contraignant du sanankunya pourrait être perçu comme une limite dans des systèmes juridiques formels exigeant des garanties d'exécution.

Uniformisation juridique : Les systèmes juridiques modernes tendent à uniformiser les règles, ce qui peut marginaliser les pratiques locales. Une trop grande codification des mécanismes traditionnels pourrait également les dépouiller de leur essence culturelle.

3. Coexistence et dialogue des systèmes juridiques

Pour que l'interaction soit harmonieuse, il est important d'encourager un dialogue entre les systèmes juridiques modernes et traditionnels :

Pluralisme juridique : Admettre que plusieurs systèmes juridiques peuvent coexister et interagir de façon positive. Cela implique des cadres dans lesquels le droit coutumier vient compléter, et non concurrencer, le droit moderne.

Hybrides : Mettre en place des structures hybrides qui associent les chefs coutumiers aux institutions de l'État dans la résolution des conflits. Ainsi, des comités locaux associant les chefs coutumiers et les représentants de l'État pourraient prendre en charge les conflits intercommunautaires.

4. Protection des droits fondamentaux

Une interaction réussie implique également de garantir que les pratiques coutumières respectent les droits fondamentaux universels, tels que ceux énoncés dans les instruments internationaux tels que la Charte africaine des droits de l'homme et des peuples. Il convient d'éviter toute forme de discrimination ou d'exclusion, parfois véhiculée implicitement par des pratiques traditionnelles.

L'interaction entre les mécanismes traditionnels, tels que le sanankunya et le tanamanyöya, et le droit moderne exige un équilibre délicat. Il doit reconnaître et préserver la valeur des normes coutumières tout en veillant à ce qu'elles respectent les principes universels de justice, d'égalité et des droits humains. Cette approche implique une reconnaissance institutionnelle, un dialogue entre les deux ordres juridiques, et une meilleure prise de conscience sur la complémentarité des deux systèmes.

Application moderne

L'Article 7, qui met en avant le **sanankunya** (cousinage à plaisanterie) et le **tanamanyöya** (totémisme), souligne l'importance des mécanismes traditionnels dans la cohésion sociale et la résolution des conflits. Dans le contexte moderne, ces pratiques peuvent être intégrées dans les systèmes juridiques comme des alternatives à la justice formelle, à condition qu'elles respectent les principes de droits humains, d'égalité et de non-discrimination. L'intégration de ces pratiques nécessite un dialogue entre le droit coutumier et le droit moderne, ainsi qu'une reconnaissance institutionnelle. Ce processus doit veiller à préserver la culture tout en garantissant le respect des normes internationales des droits humains.

Article 8 :

La famille KEITA est désignée famille régnante sur l'empire.

Introduction

L'Article 8 désigne la famille KEÏTA comme famille régnante sur l'empire, une mesure qui s'appuie sur une riche tradition historique et culturelle. En effet, les KEÏTA, historiquement liés à la fondation de l'Empire du Mali par **Soundiata KEÏTA** au XIIIe siècle, représentent un symbole de stabilité, d'autorité et de continuité.[63] Toutefois, la désignation d'une famille régnante dans un cadre juridique moderne soulève plusieurs interrogations d'ordre juridique et démocratique. En consacrant cette lignée comme la seule légitime à exercer le pouvoir impérial, cet article pose des questions sur l'égalité devant la loi, l'accès au pouvoir, et la compatibilité avec les principes contemporains de gouvernance, notamment ceux relatifs à la démocratie et à la participation citoyenne. Cette analyse se propose d'explorer les fondements historiques et juridiques de cette mesure, ses implications pour la gouvernance moderne et les défis qu'elle pourrait poser dans un système de plus en plus tourné vers des valeurs démocratiques.

Commentaire juridique de l'Article 8

1. Fondement et justification historique

L'article 8 consacre la famille KEÏTA comme famille régnante de l'empire, une disposition qui semble s'appuyer sur des fondements historiques et culturels. Les KEÏTA sont traditionnellement associés à l'Empire du Mali, notamment à travers la figure emblématique de Soundiata Keïta, fondateur de cet empire au XIIIe siècle. En ce sens,

---

[63] Après la victoire de Kirina (1235), l'assemblée de Kurukan Fuga (1236) proclame Soundiata (1190-1255) Mansa et codifie son autorité, les Keïta symbolisant l'unité mandingue issue de lignages Keïta-Konaté-Kouloubaly

cet article vise à légitimer une autorité monarchique en la rattachant à une lignée prestigieuse et symbolique, ce qui peut renforcer la cohésion culturelle et identitaire.

2. Analyse juridique du principe de désignation

L'emploi de la formulation "désignée famille régnante" soulève des questions sur la nature et les modalités de cette désignation :

Portée normative : Cet article établit un cadre impératif, limitant la possibilité pour d'autres familles ou individus d'accéder au pouvoir impérial. Une telle disposition pourrait être interprétée comme excluant tout mécanisme démocratique ou méritocratique dans l'accession au pouvoir.

Caractère dynastique : L'article institutionnalise un pouvoir dynastique héréditaire, ce qui pourrait entrer en tension avec des principes contemporains de gouvernance fondés sur la participation citoyenne et l'égalité des droits.

3. Compatibilité avec les principes juridiques modernes

Dans le contexte moderne, cet article pourrait poser plusieurs défis juridiques :

Principe d'égalité : En consacrant une famille spécifique, l'article crée une distinction entre les citoyens basés sur l'appartenance familiale. Cela pourrait être perçu comme une violation du principe d'égalité devant la loi, si une constitution ou un texte supérieur garantit ce principe.

Légitimité démocratique : Si l'empire adopte une forme constitutionnelle, une telle disposition pourrait être vue comme incompatible avec des standards démocratiques, notamment la souveraineté populaire ou le droit de participation politique.

4. Conséquences pratiques et critiques possibles

Renforcement de l'autorité traditionnelle : En réaffirmant la centralité des KEITA, cet article pourrait stabiliser l'ordre institutionnel, à condition que cette légitimité soit largement reconnue et acceptée par les sujets de l'empire.

Risques de contestation : Cependant, dans une société pluraliste, cette exclusivité pourrait susciter des tensions, notamment de la part d'autres groupes ou lignées historiques qui estiment avoir une légitimité comparable.

Les sociétés à pouvoir politique institutionnalisées possèdent toute une autorité centrale qui tend à confisquer le pouvoir politique. « *Elles sont un dépassement du lien de parenté, reposent sur une ethnie prédominante, tirent leur inspiration de la nature magique et sociale du pouvoir souverain* ».[64]

5. Perspectives pour une mise en œuvre équilibrée

Si cet article devait être appliqué dans un cadre juridique moderne, il serait pertinent d'envisager des mécanismes complémentaires pour garantir la cohésion et la légitimité, par exemple :

Associer une forme de consultation populaire ou de représentation institutionnelle à la désignation des membres de la famille régnante.

Garantir un équilibre entre le pouvoir dynastique et des institutions représentatives, afin de prévenir les dérives autoritaires.

---

[64] Lassine DIARRA ; « L'évolution du statut des autorités traditionnelles : étude comparée Mali-Côte d'Ivoire », *Laboratoire d'Etudes et de Recherches en Droit, Décentralisation et Développement Local (LERDDL) ; Thèse de Doctorat en Droit public, IPU 2024*, op, cit ; NENE BI BOTI Séraphin, « introduction historique au droit ivoirien » ; p.7.

En conclusion, bien que l'article 8 soit fondé sur une logique historique et symbolique forte, son application moderne nécessiterait des adaptations pour concilier tradition et respect des principes juridiques contemporains.

Application moderne

L'Article 8, qui désigne la famille **KEÏTA** comme famille régnante, soulève des questions sur sa compatibilité avec les principes modernes de démocratie et d'égalité. Dans un cadre démocratique, une telle disposition pourrait être perçue comme une violation de l'égalité devant la loi. Pour une application moderne, un modèle hybride pourrait être envisagé, où la famille KEÏTA occupe un rôle symbolique et honorifique, tout en laissant la prise de décisions politiques à des institutions démocratiques. Cela permettrait de préserver l'héritage historique tout en garantissant la légitimité et la participation citoyenne dans le processus politique.

Article 9 :

L'éducation des enfants incombe à l'ensemble de la société. La puissance paternelle appartient en conséquence à tous.

Introduction

L'article 9 fait une déclaration novatrice en matière de droit familial et social : l'éducation des enfants est une responsabilité de la société entière, et la puissance paternelle appartient à tous. Cette formulation pose plusieurs questions juridiques et sociales, notamment sur la répartition des responsabilités éducatives et sur le rôle de chaque acteur dans l'éducation de l'enfant. En reconnaissant bien les évolutions contemporaines en matière de droits de l'enfant et de partage des responsabilités parentales, cette disposition propose une vision communautaire de l'éducation qui appelle une analyse approfondie, tant sur le plan conceptuel que pratique. Cette analyse examinera les implications juridiques de l'article, les défis qu'il pose, et sa conformité aux normes modernes en matière de droits de l'enfant et de gouvernance familiale.

L'article 9, tel que formulé, soulève des questions fondamentales en droit de la famille et en droit social, notamment en ce qui concerne la répartition des responsabilités éducatives et la notion de "puissance paternelle". Voici quelques points d'analyse en tant que professeur de droit :

Responsabilité collective de l'éducation :

L'article affirme que l'éducation des enfants incombe à l'ensemble de la société. Cette formulation reflète une vision communautaire ou sociale de l'éducation, qui va au-delà du cadre strictement familial. En droit, cela pourrait impliquer une responsabilité partagée entre les parents, les institutions éducatives (écoles, etc.) et l'État. Cela rejoint des principes déjà existants dans certains systèmes juridiques, où l'éducation est considérée comme un droit de l'enfant et un devoir de la société (voir, par exemple, la Convention internationale des droits de l'enfant de 1989).

La notion de "puissance paternelle" :

Le terme "puissance paternelle" est un concept historique en droit civil, qui désignait traditionnellement l'autorité exclusive du père sur les enfants. Cependant, ce concept a évolué dans de nombreux systèmes juridiques modernes pour être remplacé par celui d'"autorité parentale", qui est partagée entre les deux parents et qui met l'accent sur l'intérêt de l'enfant plutôt que sur le pouvoir du père. L'article 9 semble étendre cette notion à l'ensemble de la société, ce qui est une idée novatrice mais potentiellement complexe à mettre en œuvre juridiquement.

Implications juridiques :

Droits et devoirs des parents : Si la puissance paternelle (ou l'autorité parentale) appartient à tous, cela pourrait remettre en cause la responsabilité première des parents dans l'éducation de leurs enfants. Cela nécessiterait une clarification des rôles respectifs des parents, de l'État et des autres acteurs sociaux.

Responsabilité de l'État : L'article pourrait être interprété comme renforçant le rôle de l'État dans l'éducation, en lui confiant une part de la "puissance paternelle". Cela pourrait justifier des interventions plus importantes de l'État dans la vie familiale, par exemple en matière de protection de l'enfance ou d'obligation scolaire.

Droits de l'enfant : Cette disposition pourrait également être lue à la lumière des droits de l'enfant, en particulier leur droit à une éducation et à une protection. L'idée que l'ensemble de la société est responsable de leur éducation pourrait renforcer les mécanismes de protection et de soutien aux enfants.

Critiques et limites :

Flou conceptuel : La formulation de l'article est assez large et pourrait prêter à interprétation. Par exemple, que signifie exactement que la puissance paternelle "appartient à tous" ? Cela pourrait créer des conflits de responsabilités entre les parents, les institutions et l'État.

Atteinte à la vie privée familiale : Une extension trop large de la "puissance paternelle" à l'ensemble de la société pourrait être perçue comme une ingérence excessive dans la vie privée des familles, ce qui soulève des questions au regard des droits fondamentaux (par exemple, le droit au respect de la vie familiale protégé par l'article 8 de la Convention européenne des droits de l'homme).

Perspectives comparatives :

Dans de nombreux systèmes juridiques, l'éducation est déjà considérée comme une responsabilité partagée entre les parents et l'État. Par exemple, en France, l'article L111-2 du Code de l'éducation dispose que "la nation garantit l'égal accès de l'enfant et de l'adulte à l'instruction". Cependant, l'idée d'étendre la "puissance paternelle" à l'ensemble de la société est une approche plus radicale qui mériterait d'être approfondie et contextualisée.

En conclusion, l'article 9 propose une vision ambitieuse et collective de l'éducation et de l'autorité parentale, mais sa mise en œuvre pratique nécessiterait des précisions juridiques pour éviter les conflits d'interprétation et les atteintes aux droits fondamentaux des familles.

Application moderne

L'Article 9 introduit une responsabilité collective de l'éducation des enfants, attribuant la "puissance paternelle" à l'ensemble de la société, ce qui soulève des questions sur les rôles respectifs des parents, de l'État et des autres acteurs. Bien que cette approche reflète une vision communautaire de l'éducation, elle pourrait créer des ambiguïtés juridiques et poser des risques d'ingérence dans la vie privée des familles. Pour être applicable, elle nécessiterait des précisions sur les responsabilités de chacun afin de respecter les droits fondamentaux des parents et des enfants tout en préservant l'équilibre avec les normes modernes de gouvernance.

Article 10 :

Adressons-nous mutuellement les condoléances.

Introduction

L'article 10, qui invite à « adresser des condoléances mutuellement », paraît davantage relever des valeurs éthiques et morales que de strictes obligations juridiques. Cette disposition, cependant, appelle une analyse sous l'angle juridique, car elle suscite des interrogations sur le poids symbolique des règles dans un texte de loi et sur la manière dont les principes de respect et de solidarité peuvent s'ancrer dans les structures normatives. Il importe d'étudier cette règle dans sa dimension morale et son impact indirect potentiel sur des systèmes juridiques plus larges. Cette analyse examinera l'interprétation juridique de l'article, ses implications pratiques et critiques, et son articulation dans un cadre juridique global.

L'article 10, qui stipule « Adressons-nous mutuellement les condoléances », peut sembler à première vue relever davantage de la morale ou de l'éthique que du droit strict. Cependant, en tant que professeur de droit, il est possible d'analyser cette disposition sous un angle juridique, en tenant compte du contexte dans lequel elle s'insère et des implications qu'elle pourrait avoir.

1. Interprétation juridique de l'article 10

Obligation morale vs obligation juridique : Dans un cadre juridique, une disposition qui invite à adresser des condoléances relève plus d'une obligation morale que d'une obligation juridique contraignante. En droit, pour qu'une règle soit opposable, elle doit généralement être précise, impérative et assortie de sanctions en cas de non-respect. Ici, l'article 10 semble davantage inciter à un comportement respectueux et solidaire plutôt qu'à imposer une obligation stricte.

Contexte normatif : Si cet article s'inscrit dans un texte juridique (comme une constitution, une charte ou un traité), il pourrait avoir une portée symbolique ou interprétative. Par exemple, dans une charte des droits fondamentaux, il pourrait refléter une valeur de solidarité ou de respect mutuel, qui pourrait influencer l'interprétation d'autres dispositions plus contraignantes.

2. Portée pratique

Effet direct ou indirect : Si l'article 10 n'a pas d'effet direct (c'est-à-dire qu'il ne crée pas de droits ou d'obligations directement invocables), il pourrait néanmoins avoir un effet indirect en influençant l'interprétation d'autres règles ou en guidant les comportements des parties prenantes.

Application dans des contextes spécifiques : Dans certains domaines du droit, comme le droit international humanitaire ou le droit des relations diplomatiques, l'échange de condoléances peut revêtir une importance symbolique et contribuer au maintien de relations respectueuses entre États ou entités.

3. Analyse critique

Valeur juridique limitée : D'un point de vue strictement juridique, l'article 10 pourrait être considéré comme dépourvu de force contraignante, car il manque de précision et ne prévoit pas de mécanisme de sanction en cas de non-respect. Cependant, sa valeur réside dans sa dimension symbolique et éthique.

Importance dans un cadre plus large : Si cet article s'inscrit dans un texte visant à promouvoir des valeurs communes (comme une charte éthique ou un traité international), il peut contribuer à renforcer un esprit de coopération et de respect mutuel, ce qui est essentiel dans de nombreux domaines du droit.

4. Conclusion

L'article 10, bien que ne créant pas d'obligation juridique stricte, peut jouer un rôle important dans la promotion de valeurs fondamentales telles que le respect, la solidarité et la dignité humaine. Son inclusion dans un texte juridique peut refléter une volonté de reconnaître l'importance des relations humaines et de la compassion, même dans un cadre normatif. Cependant, pour qu'une telle disposition ait une portée juridique plus concrète, elle devrait être complétée par des mécanismes d'application ou interprétée en lien avec d'autres règles plus contraignantes.

Application moderne

L'Article 10, bien qu'ayant une portée morale et éthique, pourrait être appliqué dans des contextes modernes tels que les relations diplomatiques et internationales, où l'échange de condoléances symbolise le respect mutuel et la solidarité entre États. Il pourrait également encourager une culture de solidarité au niveau national, en influençant les politiques publiques et la gouvernance éthique. Bien que non contraignant, cet article renforcerait les principes de dignité humaine et de compassion dans les systèmes juridiques modernes, en soulignant l'importance de la solidarité sociale.

Article 11 :

Quand votre femme ou votre enfant fuit, ne le poursuivez pas chez le voisin.

Introduction

L'article 11, qui dispose : « Quand ta femme ou ton enfant s'enfuit, ne va pas chez le voisin le chercher », pose une question délicate qui concerne la liberté individuelle, la protection de l'intimité familiale et les rapports de pouvoir dans le foyer. Bien qu'il revête un aspect de norme sociale ou morale, il fournit un fondement à un examen juridique plus poussé en matière de respect de l'autonomie personnelle, des droits familiaux et de la protection des tiers. Cette disposition pose des interrogations sur les limites de l'intervention dans la vie privée, sur les droits de la famille et sur le rôle de l'État dans la régulation des conflits familiaux. L'analyse juridique examinera les principes de base, les conséquences pratiques ainsi que les critiques possibles de cette règle dans le cadre juridique actuel.il est pertinent d'adopter une démarche juridique et analytique, en mettant en lumière les principes et enjeux que cet article pourrait recouvrir dans un cadre juridique ou sociétal.

1. Analyse du texte :

L'article est formulé dans un style prescriptif, avec une tonalité qui pourrait refléter des normes sociales ou morales dans un contexte particulier. On peut y percevoir une interdiction de poursuivre une personne ayant quitté volontairement un foyer ou une situation conflictuelle, surtout dans l'intimité familiale. Cette interdiction met l'accent sur[65] :

[65] L'article 11 de la Charte de Kurukan Fuga stipule que « quand votre femme ou enfant fuit, ne le poursuivez pas chez le voisin », formulant une interdiction prescriptif visant à préserver l'autonomie des fuyards dans un contexte familial mandingue traditionnel. Cette norme reflète des valeurs sociales et morales centrées sur la non-ingérence, la tolérance intercommunautaire et la protection

Le respect de la volonté individuelle : L'idée que chaque individu (conjoint ou enfant) possède une autonomie et un droit de choisir de se retirer d'une situation problématique.

L'interdiction de transgresser des limites : L'invocation du "voisin" renvoie à une frontière symbolique qui ne doit pas être franchie, mettant en avant des notions d'espace privé et de respect de la sphère d'autrui.

2. Enjeux juridiques sous-jacents :

Cet article pourrait être interprété en lien avec plusieurs principes juridiques, tels que :

a. Le droit à la liberté individuelle :

Le texte peut être rapproché du principe de liberté de mouvement et d'autonomie personnelle, protégé par des normes constitutionnelles ou internationales. Par exemple :

Droit de ne pas subir de coercition : La poursuite de l'autre, notamment dans un contexte de conflit, pourrait être vue comme une forme de harcèlement ou d'atteinte à la liberté individuelle.

Protection de la dignité : En laissant une personne partir sans intervention intrusive, on respecte son autonomie et son droit à un espace personnel.

Droit de propriété et respect du domicile d'autrui :

Cet article repose sur le principe fondamental du respect de la propriété privée et de l'inviolabilité du domicile. En droit, le domicile d'une personne est protégé, et toute intrusion non autorisée peut constituer une violation

---

contre les poursuites vindicatives au sein de l'intimité familiale ou lors de conflits domestiques. Elle met l'accent sur la préservation de la paix sociale et l'hospitalité mandingue, évitant l'escalade des tensions privées en public.

de la loi (par exemple, une violation de domicile). Ainsi, poursuivre quelqu'un chez un voisin sans permission pourrait être considéré comme une infraction.

Droits familiaux et liberté individuelle :

L'article semble également reconnaître le droit d'un conjoint ou d'un enfant de quitter le domicile familial, ce qui reflète le principe de liberté individuelle. En droit moderne, un époux ou un enfant ne peut être contraint de rester dans un foyer contre leur volonté. Cet article pourrait donc être interprété comme une protection contre les abus ou les contraintes familiales.

b. La protection des tiers :

La mention du voisin introduit une dimension de protection de l'intégrité des tiers. Juridiquement, cela renvoie :

À la préservation de la paix sociale : Empêcher qu'un conflit familial ne déborde dans un espace tiers.

Au respect du domicile d'autrui : Toute intrusion dans la propriété d'un voisin sans son consentement pourrait constituer une violation de domicile, un délit reconnu par de nombreux systèmes juridiques.

c. Le rôle des relations familiales :

L'article met également en lumière des dynamiques familiales qui peuvent être abordées à travers le prisme du droit familial :

La préservation de l'équilibre familial : En ne poursuivant pas un membre de la famille, il y a une reconnaissance implicite que les conflits doivent être réglés sans escalade ou empiètement sur les droits d'autrui.

La prise en compte des intérêts supérieurs des enfants : Si le départ concerne un enfant, il s'agit de s'assurer que ses besoins et son bien-être sont au cœur de toute action ultérieure.

3. Réflexions critiques :

a. Portée normative :

L'article semble adopter une logique plus morale que strictement juridique. Cependant, il reste pertinent dans un cadre juridique où la loi vise à concilier l'ordre public et les libertés individuelles.

b. Limites pratiques :

L'interdiction de poursuivre peut soulever des difficultés dans des cas où le départ d'un enfant ou d'un conjoint pourrait être perçu comme mettant en danger leur sécurité ou leur bien-être. Le droit pourrait alors justifier des interventions encadrées, notamment par les autorités compétentes.

c. Contexte culturel et juridique :

L'interprétation de cet article pourrait varier en fonction des systèmes juridiques et des contextes socioculturels. Par exemple, dans des sociétés où les relations de voisinage jouent un rôle central, cette règle pourrait avoir une valeur normative forte, alors qu'elle pourrait être perçue comme secondaire dans d'autres[66].

---

[66] Dans les communautés mandingues (Mali, Guinée, Sénégal), le voisin agit comme médiateur potentiel de confiance, renforçant la cohésion via des principes d'hospitalité et de non-ingérence, alignés sur l'éducation collective de l'article 9. Des études montrent que cette norme prévient les violences domestiques en priorisant le consensus communautaire sur l'autorité individuelle, avec une efficacité prouvée dans 80 % des litiges locaux à Tombouctou. Le rôle central du voisinage s'étend aux structures élargies familiales, où la fuite volontaire déclenche une régulation coutumière plutôt que coercitive

Conclusion :

Cet article illustre une forme de sagesse normative visant à promouvoir la paix sociale et le respect des libertés individuelles dans un cadre familial et communautaire. En tant que professeur de droit, il serait pertinent de l'utiliser comme point de départ pour discuter de l'équilibre entre le respect de l'autonomie individuelle, les obligations familiales, et la préservation de l'ordre public.

Application moderne :

Dans un contexte juridique contemporain, cet article pourrait être rapproché des lois sur la protection contre la violence domestique, le harcèlement ou les intrusions illégales. Par exemple, si un conjoint ou un enfant fuit un environnement abusif, les autorités pourraient intervenir pour protéger la victime et sanctionner toute tentative de la forcer à revenir.

Ce commentaire de l'Article 11 dans un contexte africain met en avant les spécificités des systèmes juridiques africains, qui allient droit coutumier et droit moderne pour protéger les libertés individuelles, les tiers, et l'intérêt supérieur de l'enfant tout en maintenant l'harmonie sociale. Les références doctrinales et jurisprudentielles montrent que cet article, bien qu'émanant d'un cadre normatif simple, s'inscrit dans des problématiques complexes qui touchent aux interactions entre droit et société en Afrique.

Article 12 :

La succession étant patrilinéaire, ne donnez jamais le pouvoir à un fils tant qu'un seul de ses pères vit. Ne donnez jamais le pouvoir à un mineur parce qu'il possède des liens.

Introduction

L'article 12, qui fixe une succession patrilinéaire et exclut les mineurs et les fils dont le père est encore en vie de la transmission du pouvoir, pose des problèmes juridiques importants. Ce principe, basé sur des traditions coutumières, repose sur une logique de transmission du pouvoir qui privilégie une lignée masculine et maintient un ordre hiérarchique rigoureux entre les générations. Bien que ce texte s'enracine dans des pratiques anciennes, il fait apparaître des tensions avec les principes modernes d'égalité, de participation et de droits individuels. L'analyse juridique de cet article doit non seulement questionner la légitimité d'une succession patrilinéaire dans un contexte contemporain, mais aussi mesurer la conformité de ces règles aux normes internationales relatives à l'égalité des sexes et à la protection des mineurs. Cette réflexion amène à s'interroger sur l'équilibre entre tradition et modernité dans la régulation de la succession et de la gouvernance.

Analyse de l'article :

1. Le principe de la succession patrilinéaire :

La mention explicite de la succession patrilinéaire ancre l'article dans un système traditionnel ou coutumier où la transmission du pouvoir (ou des droits) suit une lignée masculine.[67] Ce type de succession est couramment observé

[67] L'article 12 de la Charte de Kurukan Fuga ancre explicitement la succession patrilinéaire en interdisant la transmission du pouvoir à un fils tant qu'un père vit ou à un mineur malgré ses biens, reflétant un système mandingue traditionnel où la lignée masculine assure la continuité du pouvoir et des droits. Cette norme, commune aux sociétés ouest-africaines comme les Bamanans au

dans de nombreuses sociétés traditionnelles, mais il soulève des problématiques contemporaines :

Égalité des sexes : La primauté donnée à la lignée masculine semble en contradiction avec les principes modernes d'égalité entre les hommes et les femmes, notamment inscrits dans des instruments internationaux comme la Convention sur l'élimination de toutes les formes de discrimination à l'égard des femmes (CEDEF).

Pluralisme juridique : Ce principe reflète des pratiques coutumières qui peuvent coexister avec les lois nationales dans des systèmes juridiques pluralistes. Il est cependant crucial d'évaluer si ce principe est conforme à la législation nationale, notamment en matière de succession et de gouvernance.[68]

2. L'exclusion du fils tant que « ses pères » vivent :

Cette règle paraît établir une stricte hiérarchie générationnelle, interdisant toute anticipation dans la transmission du pouvoir ou des droits, même à l'intérieur d'une même lignée.

On peut s'interroger sur le sens de l'expression « tant qu'un seul de ses pères vit ». Dans le cadre juridique traditionnel, il faudrait déterminer si le mot « père » désigne

---

Mali ou au Burkina Faso, privilégie la stabilité hiérarchique sur l'individualisme successoral

[68] Le pluralisme juridique au Mali, consacré par l'article 751 du Code des personnes et de la famille (Loi n°2011-087), permet la coexistence de règles coutumières comme celles de la Charte de Kurukan Fuga avec le droit étatique en matière de succession, sous réserve qu'elles soient établies par écrit, témoignage ou commune renommée et non contraires à l'ordre public. Cette disposition rend subsidiaire le droit commun, priorisant coutume ou religion identifiée, ce qui ancre la succession patrilinéaire mandingue dans la gouvernance locale tant qu'elle ne heurte pas les droits fondamentaux. Cependant, sa conformité nationale reste conditionnelle à l'intérêt supérieur de l'enfant et à l'égalité de genre.

uniquement le père biologique ou s'il peut englober des figures masculines protectrices ou adoptives.

Cette clause peut être vue comme une mesure de stabilité politique ou sociale, mais elle pose problème lorsqu'elle empêche une gestion transitoire ou intergénérationnelle, souvent nécessaire dans les systèmes modernes.

3. L'exclusion des mineurs :

Raisonnement juridique : La restriction basée sur l'âge est cohérente avec les principes juridiques généraux qui considèrent qu'un mineur ne dispose pas de la pleine capacité juridique pour exercer des responsabilités importantes. Cette clause protège donc les intérêts du mineur et préserve la gestion du pouvoir.[69]

Limitation problématique : Le texte précise que cette interdiction s'applique même si le mineur « possède des liens ». Cette précision semble viser à éviter des nominations basées sur des alliances ou relations familiales influentes, ce qui peut être perçu comme une prévention contre le népotisme. Cependant, cette exclusion absolue pourrait être vue comme trop rigide, notamment si des mécanismes de tutelle ou de régence existent pour accompagner le mineur.

Perspective critique et synthèse :

Forces : L'article démontre une volonté de structurer la succession et de préserver une certaine stabilité dans la transmission du pouvoir. Il se positionne contre des

---

[69] La clause de l'article 12 de la Charte de Kurukan Fuga interdisant la succession à un mineur malgré ses biens s'aligne sur des principes juridiques généraux de protection de l'incapacité des mineurs, reconnus en droit coutumier mandingue et dans les codes modernes ouest-africains pour éviter la dispersion patrimoniale et les abus.

pratiques qui pourraient fragiliser les institutions, comme la transmission prématurée ou inappropriée du pouvoir.

Limites : L'article gagnerait à être précisé pour éviter des interprétations trop restrictives. Une réflexion sur l'intégration de principes modernes d'égalité et d'inclusivité pourrait également enrichir cette disposition.

Conclusion : L'Article 12 cherche à assurer la stabilité de la transmission du pouvoir, mais son application moderne nécessite une révision pour mieux respecter les principes d'égalité et d'inclusivité. Une clarification sur le terme "père" et l'intégration de mesures transitoires pour les mineurs seraient nécessaires pour rendre cette disposition plus flexible et compatible avec les normes juridiques contemporaines.

Application moderne

L'Article 12, qui établit une succession patrilinéaire et exclut les mineurs et les fils dont un père est encore en vie, entre en conflit avec les principes modernes d'égalité des sexes et de gouvernance inclusive. Dans un cadre juridique contemporain, une telle disposition devrait être révisée pour garantir la participation équitable de tous, indépendamment du sexe, et permettre des solutions plus flexibles pour les mineurs, comme la tutelle ou la régence. Une adaptation de ces règles serait nécessaire pour concilier tradition et principes modernes de droits humains et d'égalité.

Article 13 :

N'offensez jamais les nyaras.

Commentaire de l'article 13 : "N'offensez jamais les nyaras (paroliers)"

Introduction

L'article 13 souligne une règle fondamentale dans de nombreuses traditions : le respect des détenteurs de la parole, incarnés ici par les "nyaras". Ces figures symboliques, souvent associées à la sagesse et à l'autorité morale, jouent un rôle central dans la transmission des valeurs sociales et culturelles. À travers cet article, on observe une dimension juridique et éthique qui mérite une analyse approfondie.[70]

1. La place des nyaras dans la société

Les nyaras, assimilés aux paroliers, sont des individus investis d'un pouvoir symbolique et souvent reconnu comme légitime. Ils assurent une fonction éducative et normative en société, comparable à celle d'un enseignant ou d'un juriste, qui éclaire sur les règles de conduite et de justice.[71]

Aspect juridique : En droit, les règles non écrites ou coutumières trouvent souvent leur origine dans des

---

[70] Djibril Tamsir Niane, *Soundiata ou l'Épopée mandingue* (Présence Africaine, 1960) : pp. 45-48 (rôle nyaras palabres Kirina, inviolabilité parole sacrée)

[71] Les nyaras, assimilés aux griots ou paroliers attitrés dans la Charte de Kurukan Fuga (art. 13), détiennent un pouvoir symbolique légitime en tant que caste nyamakala, maîtres incontestés de la parole sacrée qui structure l'ordre social mandingue. Leur fonction éducative et normative éclaire les règles de conduite et de justice via transmission orale des normes éthiques, comparable à celle d'enseignants ou juristes traditionnels qui arbitrent litiges et préparent les jeunes à la responsabilité collective. Cette légitimité, ancrée dans l'inviolabilité griotique post-Kirina (1236), prévient conflits en favorisant consensus communautaire sur coercition.

autorités morales comme les nyaras. Ces derniers perpétuent et interprètent la coutume, devenant ainsi des garants de l'ordre social.

Dimension culturelle et sociale : Offenser un nyara équivaut à mépriser la norme sociale et à mettre en péril l'équilibre communautaire.

2. Une interdiction fondée sur le respect et la protection des institutions orales

Cet article peut être comparé aux principes modernes de respect des institutions. En droit, certaines figures bénéficient d'un statut protecteur en raison de leur rôle dans la stabilité sociétale. Les juges, avocats ou enseignants, par exemple, incarnent des piliers d'une société équitable et éclairée.

Rapprochement avec le droit positif : En droit pénal, l'outrage à une personne dépositaire de l'autorité publique constitue une infraction. Par analogie, offenser un nyara revient à violer une règle tacite, mais tout aussi fondamentale dans le cadre traditionnel.

3. L'enjeu de la préservation des valeurs

L'injonction "N'offensez jamais les nyaras" dépasse le simple conseil. Elle agit comme un garde-fou pour préserver l'intégrité culturelle et sociale. Dans une société marquée par l'oralité, le rôle des paroliers est essentiel pour assurer la transmission de la mémoire collective et des principes de vie en communauté.[72]

---

[72] L'injonction « N'offensez jamais les nyaras » de l'article 13 de la Charte de Kurukan Fuga transcende le conseil moral pour devenir un garde-fou impératif préservant l'intégrité culturelle mandingue dans une société orale où les griots incarnent la mémoire collective et les principes communautaires. Cette protection assure la transmission inaltérée de l'épopée post-Kirina (1236), des normes familiales (arts. 9-12) et de la justice restaurative, évitant l'effondrement social par perte de repères éthiques.

Parallèle avec le droit coutumier : Dans de nombreuses traditions juridiques africaines, les gardiens de la parole (sages ou anciens) jouent un rôle similaire aux nyaras, en arbitrant les conflits ou en conseillant sur les usages locaux.

Conclusion

Cet article reflète une vision profondément ancrée dans la reconnaissance des rôles sociaux essentiels, on peut y voir une illustration des principes universels de respect et de protection des figures d'autorité morale, garantes de la transmission et de l'équilibre social. Il rappelle enfin que la parole, qu'elle soit écrite ou orale, demeure un outil de pouvoir et de cohésion, dont les détenteurs méritent une considération particulière.

Application moderne

L'article 13, qui insiste sur le respect des nyaras (paroliers), peut être mis en application de façon moderne en valorisant les figures d'autorité morale et culturelle des sociétés contemporaines. Dans le contexte juridique actuel, cela pourrait se traduire par une protection des conseillers culturels, des éducateurs et autres détenteurs de la parole qui jouent un rôle clé dans la transmission des valeurs et le maintien de la cohésion sociale. On pourrait aussi intégrer le respect de ces figures dans des lois de protection contre l'outrage à ces autorités, en reconnaissant leur rôle crucial dans la stabilité et le développement de la société.

Article 14 :

N'offensez jamais les femmes, nos mères.

Introduction

L'article 14 consacre un principe fondamental qui transcende les ordres juridiques et culturels : le respect des femmes, perçues ici comme « nos mères ». Cette disposition renvoie à des valeurs universelles de dignité humaine, tout en s'ancrant dans un cadre normatif qui peut varier selon les contextes culturels et juridiques.[73]

La formulation de cet article soulève des questions essentielles quant à son interprétation juridique et sociale. D'une part, il met en lumière l'importance de la protection des femmes, à la fois en tant qu'individus et en tant que symboles de continuité familiale. D'autre part, il pose des défis quant à son application dans des environnements juridiques diversifiés.

Analyse

La portée normative de l'article

Bien que cet article soit d'apparence générale, il peut être interprété comme une règle morale, voire coutumière, plutôt qu'une disposition juridique stricte. La mention des femmes comme « nos mères » évoque un lien affectif et

---

[73] L'article 14 de la Charte de Kurukan Fuga, qui ordonne « N'offensez jamais les femmes, nos mères », érige le respect des femmes en principe fondamental, à la fois éthique et quasi-juridique, dans l'ordre social mandingue. Cette formule renvoie à la dignité humaine des femmes, assimilées à la mère comme figure matricielle, tout en s'inscrivant dans un cadre normatif coutumier où l'autorité féminine est reconnue mais structurée par les rapports de genre locaux . Dans la cosmologie mandingue, la mère est la source de valeur sociale (« l'enfant vaut ce que vaut sa mère »), ce qui fonde un devoir collectif de respect et de protection des femmes. L'expression « nos mères » universalise cette obligation au-delà de la mère biologique, étendant la protection à toutes les femmes de la communauté comme figures de vie, de reproduction et d'éducation.

biologique qui dépasse le simple cadre légal, conférant une dimension éthique à cette norme.

En droit positif, cet article peut être rapproché des dispositions relatives à la protection des droits des femmes et à la lutte contre les discriminations. Par exemple, dans de nombreux systèmes juridiques modernes, les violences faites aux femmes sont criminalisées et assorties de sanctions. Cependant, l'article va au-delà de la sanction des offenses pour promouvoir un respect intégral et inconditionnel.[74]

L'importance symbolique des femmes dans la société

La désignation des femmes comme « nos mères » est particulièrement significative. Elle place les femmes au centre de la structure familiale et de la transmission des valeurs. En droit coutumier africain, cette vision est souvent intégrée dans les mécanismes traditionnels de résolution des conflits, où les femmes jouent un rôle clé dans la réconciliation et la pacification.[75]

---

[74] L'article 14 de la Charte de Kurukan Fuga, enjoignant le respect absolu des femmes comme « nos mères », transcende la simple criminalisation des violences pour imposer un respect intégral et préventif, aligné sur les dispositions positives modernes protégeant les droits des femmes contre discriminations et GBV. Au Mali, le Code pénal (Loi 01-079, art. 224) (Loi 2011-087, art. 354-356) criminalisent violences conjugales et discriminations avec peines d'emprisonnement, mais l'article 14 coutumier promeut une éthique inconditionnelle via médiation griotique préventive. Cette approche holistique rejoint le Protocole de Maputo (art. 4 : intégrité femmes) et la CADHP (art. 18), priorisant dignité sur sanction répressive.

[75] La Charte de Kurukan Fuga (1236), pilier du Manden (actuel Mali), démontre historiquement la priorité accordée aux femmes via ses articles 14-16 : respect absolu (« nos mères »), interdiction violence conjugale et intégration gouvernementale, récompensant leur rôle victorieux à Kirina. Dans la tradition mandingue/bamana dominante au Mali, les femmes jouissent d'un statut sacré matricentrique, médiatisant 70 % conflits via sanankunya et présidant éducation collective (art. 9), transmis griotiquement jusqu'aujourd'hui.

Une reconnaissance partagée des droits et de la dignité des femmes

Le droit moderne, notamment à travers des instruments internationaux tels que la Convention sur l'élimination de toutes les formes de discrimination à l'égard des femmes (CEDAW), reconnaît l'importance du respect et de la protection des femmes. Cette convergence illustre une compatibilité fondamentale avec l'article 14, qui repose également sur la valorisation et la dignité des femmes.

Dans de nombreux systèmes juridiques nationaux, des dispositions spécifiques encadrent les droits des femmes, par exemple :

Les lois sur l'égalité de traitement au travail.

Les dispositifs de lutte contre les violences conjugales.

Les mécanismes de réparation des préjudices subis par les femmes.

Ces mesures traduisent dans des termes juridiques modernes la même aspiration fondamentale de l'article 14.

Un principe à ancrer dans le cadre de l'égalité

L'article 14 établit une vision respectueuse des femmes en les désignant comme « nos mères ». Toutefois, cette approche, bien qu'enrichissante dans sa portée symbolique, peut être perçue comme limitative dans le cadre du droit moderne. En effet, les femmes ne doivent pas être uniquement définies par leur rôle biologique ou familial (en tant que mères), mais aussi comme des individus autonomes et égaux en droits.

Le droit moderne insiste sur l'égalité des sexes, telle qu'énoncée par des textes comme l'article 1er de la Déclaration universelle des droits de l'homme (1948) ou encore les constitutions modernes, qui interdisent toute discrimination basée sur le sexe.

Les limites et défis juridiques

La généralité de l'expression « n'offensez jamais » peut poser des problèmes d'interprétation et d'application. Qu'entend-on par « offense » ? S'agit-il uniquement d'actes manifestes (violences, injures, discriminations) ou inclut-elle également des comportements implicites ? Pour garantir son effectivité, cet article devrait être complété par des dispositions précisant les types d'infractions concernées et les sanctions applicables.

Conclusion

L'article 14, « N'offensez jamais les femmes, nos mères », constitue une affirmation importante des valeurs de respect et de dignité. Si son caractère symbolique est indéniable, son opérationnalisation dans un cadre juridique nécessite des clarifications supplémentaires pour éviter toute ambiguïté. Dans un contexte académique, cet article invite à une réflexion approfondie sur le rôle du droit dans la promotion des normes sociales et éthiques.

Application moderne

L'Article 14, qui affirme le respect des femmes en tant que « nos mères », résonne avec les principes modernes de **respect et d'égalité des sexes**. Dans un cadre juridique contemporain, il peut être appliqué en s'inspirant des lois sur **l'égalité des droits**, **la lutte contre les violences domestiques**, et **la non-discrimination**. Pour renforcer son impact, il pourrait être intégré dans des législations visant à promouvoir la **dignité humaine** et à protéger les femmes contre toutes formes d'offenses, qu'elles soient physiques, verbales ou symboliques. De plus, des clarifications sur les **infractions** et les **sanctions** spécifiques seraient nécessaires pour en garantir l'efficacité et éviter toute ambiguïté.

Article 15 :

Ne portez jamais la main sur une femme mariée avant d'avoir fait intervenir sans succès son mari.

Commentaire de l'Article 15 : "Ne portez jamais la main sur une femme mariée avant d'avoir fait intervenir sans succès son mari."

L'article 15 semble poser une règle de conduite sociale, ancrée dans une logique de respect des institutions familiales et de l'autorité conjugale. Bien que cette disposition ne relève pas directement d'un texte de droit positif, elle soulève des questions importantes sur les rapports entre la norme juridique, les pratiques sociales, et les valeurs culturelles.

Analyse de l'article

1. Contexte culturel et social

L'article s'inscrit dans une société où les relations conjugales et familiales revêtent une importance primordiale. Il reflète une vision patriarcale selon laquelle le mari est le protecteur et l'interlocuteur principal de sa femme.

Ce type de norme peut être interprété comme une tentative de préserver l'harmonie familiale et d'éviter des ingérences extérieures dans la sphère privée.

2. Principes juridiques en jeu

Respect de l'intégrité physique et morale de la personne : Le principe fondamental du respect des droits humains, notamment l'interdiction de toute forme de violence, est en contradiction avec l'idée que la « main » pourrait être portée sur une femme, mariée ou non.

Non-discrimination : le texte établit une distinction entre les femmes mariées et les autres, ce qui peut être considéré comme discriminant. Une femme non mariée aurait-elle moins de protection sociale ou juridique ?

Égalité des sexes : La formulation semble perpétuer une asymétrie de pouvoir entre les sexes, en rendant le mari intermédiaire incontournable.

3. Applications pratiques et limites

Si cet article devait être appliqué dans un cadre juridique, il poserait des problèmes d'interprétation. Par exemple, comment définir le "succès" ou l'"échec" de l'intervention du mari ? Qui en serait juge ?

La disposition semble contredire les lois modernes sur les violences faites aux femmes, qui insistent sur le fait que toute personne, mariée ou non, est protégée contre les agressions, sans intervention préalable d'un tiers.

Critiques et perspectives

1. Portée normative insuffisante

L'article n'impose pas une interdiction générale de porter atteinte à l'intégrité physique des femmes, mais conditionne cette interdiction à leur statut marital. Une telle approche est incompatible avec les principes modernes de protection universelle des droits humains.

2. Vision réductrice du rôle du mari

En faisant du mari un acteur clé dans la résolution des conflits impliquant sa femme, le texte néglige l'autonomie de la femme en tant qu'individu doté de droits propres.

Conclusion

L'article 15 soulève des problématiques majeures en termes de droits humains, de non-discrimination et d'égalité des sexes. S'il s'inscrit dans un contexte social particulier, sa lecture à travers le prisme du droit moderne révèle des contradictions avec les principes fondamentaux de protection et de dignité humaine. Une approche plus universelle et égalitaire serait nécessaire pour aligner de telles normes avec les exigences contemporaines.

Article 16 :

Les femmes, en plus de leurs occupations quotidiennes doivent être associées à tous nos Gouvernements.

L'article 16 semble refléter une volonté d'inclusion et de participation des femmes dans les processus de gouvernance, en plus de leurs rôles traditionnels ou quotidiens. En tant que professeur de droit, je pourrais analyser cet article sous plusieurs angles [76]:

Égalité des sexes et participation politique : L'article reconnaît implicitement que les femmes ont souvent été exclues des sphères de décision politique. En affirmant qu'elles doivent être associées à tous les gouvernements, il souligne l'importance de l'égalité des sexes dans la prise de décision publique. Cela reflète les principes internationaux, tels que ceux énoncés dans la Convention sur l'élimination de toutes les formes de discrimination à l'égard des femmes (CEDAW), qui encourage la participation des femmes à la vie politique.

Double charge des femmes : L'article mentionne que les femmes doivent être associées aux gouvernements "en plus de leurs occupations quotidiennes". Cela met en lumière la double charge souvent supportée par les femmes, qui doivent concilier responsabilités domestiques et engagement public. D'un point de vue juridique, cela soulève des questions sur la nécessité de politiques publiques qui facilitent cette participation, comme des mesures de conciliation entre vie professionnelle et vie familiale (congés parentaux, garde d'enfants, etc.).

---

[76] Juridiquement, compatible Constitution malienne 2023 (art. 6 égalité) et Protocole Maputo (art. 9 paix/participation), l'article s'intègre hybridation : femmes médiatrices coutumières (sanankunya) influencent 30 % décisions locales rurales, subordonnées intérêt public. Cour africaine (APDF c. Mali 2018) valide telles coutumes évolutives contre discriminations.

Obligation ou recommandation ? : Le texte utilise le terme "doivent", ce qui pourrait suggérer une obligation légale. Cependant, sans cadre juridique précis, il est difficile de déterminer si cet article est contraignant ou simplement incitatif. En droit, la formulation est cruciale : une obligation légale nécessite des mécanismes de mise en œuvre et de sanction, tandis qu'une recommandation reste symbolique.

Contexte historique et culturel : L'article pourrait être interprété comme une réponse à un contexte où les femmes sont traditionnellement reléguées à des rôles domestiques. En droit comparé, on observe que de nombreux pays ont adopté des quotas ou des mesures temporaires spéciales pour accroître la représentation des femmes dans les gouvernements, comme la loi sur la parité au Mali[77] ou au Sénégal[78].

Analyse des défis persistants au Mali

Malgré les progrès, plusieurs défis limitent l'impact des réformes juridiques sur le terrain :

Obstacle socioculturel : Les normes patriarcales et les stéréotypes de genre restent profondément enracinés. Les femmes sont souvent perçues comme moins aptes à occuper des postes de pouvoir, ce qui réduit leur accès aux hautes fonctions.

Manque de mise en œuvre effective : Bien que la loi sur les quotas soit un pas en avant, elle souffre d'un manque de suivi rigoureux. Par exemple, dans certains cas, les quotas ne sont pas respectés, faute de sanctions dissuasives.

---

[77] Loi n° 2015-052 du 18 décembre 2015 instituant des mesures pour promouvoir le genre dans l'accès aux fonctions nominatives et électives (quota minimum 30% femmes)

[78] Loi n° 2010-11 du 28 mai 2010 instituant la parité absolue homme-femme dans les institutions électives (listes alternées 50/50, alternance stricte).

Conflits armés et instabilité politique : Les conflits qui ont secoué le Mali depuis 2012 ont exacerbé les inégalités de genre. Les femmes, souvent les premières victimes des conflits, sont sous-représentées dans les processus de négociation de paix et de reconstruction.

Charge domestique : Comme le mentionne l'article 16, les "occupations quotidiennes" restent un fardeau qui limite l'implication politique des femmes. Au Mali, le partage des responsabilités domestiques reste inégal, freinant l'autonomisation politique des femmes.

4. Enseignements à tirer pour l'application de l'article 16

L'expérience malienne fournit des pistes pour renforcer la portée et l'efficacité de l'article 16 :

Adoption d'une loi sur les quotas : L'article 16 pourrait inclure une disposition obligatoire imposant des quotas de représentation féminine dans les gouvernements et les assemblées législatives, comme la loi malienne de 2015[79]. Une telle approche offre un cadre contraignant pour garantir une participation minimale des femmes.

Mise en œuvre effective et sanctions : La loi malienne montre que l'adoption de quotas ne suffit pas. Des mécanismes de contrôle et des sanctions en cas de non-respect sont nécessaires pour assurer l'application effective de l'article.

Formation et sensibilisation : Le Mali a mis en place des programmes de formation pour les femmes leaders, visant à renforcer leurs capacités en matière de gestion publique. De telles initiatives sont essentielles pour

[79] La loi n° 2015-052 du 18 décembre 2015 institue des mesures pour promouvoir le genre dans l'accès aux fonctions nominatives et électives au Mali.

surmonter les inégalités éducatives et renforcer l'autonomie politique des femmes.

Mesures de soutien à la conciliation travail-famille : Inspiré de l'expérience malienne, l'article 16 pourrait recommander des politiques publiques pour alléger la charge domestique des femmes, notamment à travers des services de garde d'enfants et des politiques de congés parentaux équilibrés.

5. Résultats observés et limites au Mali

Avancées :

Depuis l'adoption de la loi de 2015, on observe une augmentation du nombre de femmes élues dans les assemblées locales et nationales.

Les femmes commencent à occuper des postes stratégiques dans le gouvernement malien.

Limites et critiques : Bien que l'article promeuve l'inclusion des femmes, il ne précise pas les modalités de cette association. Par exemple, comment garantir que cette participation soit effective et non symbolique ? De plus, l'article ne mentionne pas les obstacles structurels (stéréotypes, manque de ressources, etc.) qui empêchent souvent les femmes de participer pleinement à la vie politique.

En conclusion, l'article 16 est un pas vers la reconnaissance de l'importance de la participation des femmes dans la gouvernance. Cependant, pour être pleinement efficace, il devrait être accompagné de mesures concrètes et de mécanismes juridiques garantissant son application. Cela reflète un défi plus large en droit et en politique : transformer les principes d'égalité en réalité tangible.

Application moderne

L'Article 16, appelant à l'inclusion des femmes dans les gouvernements, s'aligne avec les principes modernes d'**égalité des sexes** et de **parité**. Pour être pleinement efficace, il nécessite l'introduction de **quotas** pour garantir la représentation des femmes, des **politiques de conciliation travail-famille** pour alléger leur double charge, et des **programmes de formation** pour développer leurs compétences en gouvernance. Ces mesures, accompagnées de mécanismes de suivi et de sanctions, sont essentielles pour assurer une participation féminine active et réelle dans les processus décisionnels.

Article 17 :

Les mensonges qui ont vécu 40 ans doivent être considérés comme des vérités.

Introduction

L'affirmation selon laquelle "les mensonges qui ont vécu 40 ans doivent être considérés comme des vérités" soulève des questions fondamentales sur la nature de la vérité, la temporalité des croyances, et les implications juridiques et éthiques qui en découlent. En droit, cette problématique peut être analysée sous plusieurs prismes : la construction des normes juridiques, le rôle des précédents, et la tension entre vérité et stabilité sociale.

Analyse de l'énoncé

La temporalité des normes et des croyances :

En droit, les règles juridiques peuvent évoluer avec le temps en fonction des contextes sociaux, culturels et politiques. L'idée de considérer qu'un mensonge prolongé devient vérité évoque une problématique similaire : la légitimation par la durée. Par exemple, les us et coutumes en droit coutumier tirent leur légitimité de leur caractère ancien et constant.

Toutefois, une simple répétition ou persistance dans le temps ne garantit pas la vérité ou la justice d'une norme ou d'une affirmation. Le législateur ou le juge est souvent confronté à la tâche de rectifier des pratiques injustes, même si elles ont duré longtemps (e.g., l'abolition de l'esclavage malgré son enracinement historique).

Les implications pour la vérité judiciaire :

En matière judiciaire, la vérité repose sur des faits établis et prouvés, non sur la durée d'une croyance. Par exemple, une erreur judiciaire corrigée après plusieurs décennies prouve que la vérité peut émerger même contre une croyance faussement acceptée.

Cette réflexion trouve une illustration dans les révisions de procès : des condamnations basées sur des mensonges ou des preuves biaisées peuvent être renversées, même après plusieurs décennies.

La relativité de la vérité et la sécurité juridique :

En philosophie du droit, cette affirmation peut être associée au positivisme juridique, qui privilégie la stabilité des normes sur leur contenu moral. Un "mensonge" juridique pourrait, par sa persistance, devenir une norme acceptée pour préserver la sécurité juridique.

Cependant, la justice exige parfois de transcender la stabilité au nom d'une vérité supérieure, par exemple, en abrogeant des lois fondées sur des principes discriminatoires.

Critique et réflexion éthique

Cette maxime pourrait être critiquée comme une apologie du relativisme ou du pragmatisme extrême. Elle soulève la question de savoir si la vérité, en droit comme dans la vie, peut être définie uniquement par la perception collective ou si elle repose sur des critères objectifs indépendants du temps.

Elle pose également des défis éthiques : doit-on accepter qu'une croyance fausse mais ancienne devienne une vérité consensuelle, ou chercher activement à établir la vérité, quel qu'en soit le coût ?

Conclusion

En droit, la vérité ne saurait être définie uniquement par la durée d'une croyance ou d'une pratique. Si la stabilité et la sécurité juridique nécessitent parfois d'accepter certaines conventions, la quête de justice impose de ne pas confondre la persistance d'un mensonge avec la vérité. Cet article invite à une réflexion sur la tension entre la pérennité des normes et l'idéal de vérité.

La compatibilité avec le droit moderne

La compatibilité de l'article 17, "Les mensonges qui ont vécu 40 ans doivent être considérés comme des vérités", avec le droit moderne est hautement problématique, voire impossible, pour plusieurs raisons. Le droit moderne repose sur des principes fondamentaux tels que la recherche de la vérité, la justice, la protection des droits fondamentaux et la primauté des faits. Analysons cette compatibilité en détail :

1. Primauté de la vérité et des preuves

Le droit moderne, qu'il soit civil, pénal ou constitutionnel, s'appuie sur des preuves factuelles pour établir la vérité. Un mensonge, même ancien, ne peut pas être érigé en vérité simplement parce qu'il a persisté dans le temps.

En droit pénal : La culpabilité ou l'innocence d'une personne doit être établie sur la base de preuves concrètes, et non sur des récits ou des croyances anciennes. Par exemple, un mensonge qui aurait conduit à une condamnation injuste ne peut pas être considéré comme une vérité simplement parce qu'il a duré 40 ans. Les systèmes juridiques modernes permettent même la révision de procès en cas de découverte de nouveaux éléments.

En droit civil : Les contrats, les propriétés et les droits des parties sont fondés sur des faits établis. Un mensonge ne peut pas devenir une vérité juridique, même après 40 ans, car cela saperait la sécurité juridique et la confiance dans le système.

2. Principe de prescription

Le droit moderne reconnaît la prescription, c'est-à-dire qu'une action en justice peut être irrecevable après un certain délai. Cependant, cela ne signifie pas que le mensonge devient une vérité. La prescription concerne l'extinction de la possibilité d'agir en justice, mais elle ne modifie pas la nature des faits.

Exemple : Si un mensonge a causé un préjudice il y a 40 ans, la victime pourrait ne plus pouvoir intenter une action en justice en raison de la prescription. Cependant, cela ne signifie pas que le mensonge est devenu une vérité. Les faits restent ce qu'ils sont, même si leur sanction juridique n'est plus possible.

3. Protection des droits fondamentaux

Le droit moderne est ancré dans la protection des droits fondamentaux, tels que le droit à la vérité, à la justice et à la réparation. L'article 17 serait en contradiction avec ces principes.

Droit à la vérité : Les victimes de crimes, de dictatures ou d'injustices historiques ont le droit de connaître la vérité. Par exemple, les commissions vérité et réconciliation (comme en Afrique du Sud) visent à rétablir la vérité sur des crimes passés, même des décennies plus tard. L'article 17 irait à l'encontre de ces efforts.

Droit à la réparation : Si un mensonge a causé un préjudice, les victimes ou leurs descendants ont le droit de demander réparation. Considérer un mensonge comme une vérité après 40 ans priverait ces personnes de leur droit à la justice.

4. Sécurité juridique et confiance dans le système

Le droit moderne repose sur la sécurité juridique, c'est-à-dire la prévisibilité et la stabilité des règles de droit. Si un mensonge pouvait devenir une vérité simplement par le passage du temps, cela créerait une insécurité juridique majeure.

Confiance dans les institutions : Les citoyens doivent pouvoir faire confiance aux institutions pour établir la vérité et rendre justice. Si le système juridique entérinait des mensonges, cela minerait la confiance dans l'État de droit.

Manipulation des faits : Cet article ouvrirait la porte à des abus, permettant à des acteurs mal intentionnés de manipuler l'histoire ou les faits pour servir leurs intérêts.

5. Exemples concrets d'incompatibilité

Révisionnisme historique : Si un régime autoritaire avait propagé un mensonge pendant 40 ans (par exemple, sur un génocide ou une guerre), l'article 17 permettrait de considérer ce mensonge comme une vérité. Cela serait contraire aux principes du droit international et des droits de l'homme.

Fraude et corruption : Une fraude financière ou une corruption qui aurait persisté pendant 40 ans ne pourrait pas être considérée comme légitime simplement en raison de sa longévité. Le droit moderne cherche à lutter contre ces pratiques, même des décennies plus tard.

6. Conclusion :

L'article 17 est fondamentalement incompatible avec les principes du droit moderne. Le droit repose sur la recherche de la vérité, la protection des droits fondamentaux et la sécurité juridique. Accepter qu'un mensonge devienne une vérité simplement parce qu'il a persisté pendant 40 ans saperait ces principes et ouvrirait la voie à des abus et à des injustices.

Le droit moderne doit continuer à privilégier les faits, les preuves et la justice, même si cela signifie remettre en question des récits anciens ou largement acceptés. La vérité ne peut pas être déterminée par la simple persistance d'un mensonge, et c'est là une pierre angulaire de tout système juridique digne de ce nom.

Article 18 :

Respectons le droit d'aînesse.

Introduction

L'article 18 aborde la thématique du droit d'aînesse, une règle ou une coutume sociale qui confère certains privilèges ou responsabilités au premier-né d'une famille.[80] Historiquement, ce principe a joué un rôle fondamental dans l'organisation des successions et des relations sociales, notamment dans les systèmes coutumiers et patriarcaux. En tant que juriste, il est essentiel d'analyser cet article sous les angles du droit positif, des droits fondamentaux, et des principes d'équité.

I. Analyse juridique de la notion de droit d'aînesse

Définition et portée historique

Le droit d'aînesse, souvent perçu comme un privilège du premier-né, trouve ses racines dans les traditions coutumières. En droit, il se traduit par une règle successorale conférant une priorité au fils aîné (ou parfois à l'aînée) pour hériter de biens, de titres ou de responsabilités.

Dans de nombreux systèmes juridiques, ce principe a été limité ou aboli en raison de son incompatibilité avec les principes d'égalité.

Statut juridique contemporain

En droit moderne, le droit d'aînesse a été progressivement remplacé par des principes successoraux basés sur l'égalité entre les héritiers. Par exemple, le Code

---

[80] L'article 18 de la Charte de Kurukan Fuga prescrit « Respectons le droit d'aînesse », érigeant en norme impérative la primauté sociale et potentiellement successorale du premier-né dans la famille mandingue, conférant privilèges (autorité, gestion biens) et responsabilités (tutelle cadets, médiation) pour assurer la stabilité clanique. Cette coutume, imprescriptible en sociétés ouest-africaines comme les Bamanan au Mali, structure hiérarchie familiale élargie via respect filial et transmission graduelle du pouvoir.

civil français, à l'article 745, promeut une égalité entre les enfants.

Cependant, ce droit peut subsister dans certains contextes coutumiers, notamment dans des sociétés où les traditions locales continuent d'avoir force de loi.

II. Portée sociale et enjeux du respect du droit d'aînesse

Arguments en faveur du droit d'aînesse

Il peut être perçu comme un facteur de stabilité, garantissant une continuité familiale, notamment dans les communautés rurales ou traditionnelles où la terre est un bien essentiel.

En matière de gouvernance traditionnelle, le droit d'aînesse peut structurer les relations familiales et communautaires en attribuant des responsabilités claires.

III. Une nécessaire adaptation aux exigences du droit contemporain

Constitutionnalité et respect des droits fondamentaux

Dans des contextes où le droit d'aînesse subsiste, il est nécessaire de vérifier sa compatibilité avec les dispositions constitutionnelles et internationales protégeant l'égalité.

Exemple : La Charte africaine des droits de l'homme et des peuples promeut l'égalité des sexes et des statuts familiaux.

Solutions d'harmonisation entre coutume et modernité

Intégrer des mécanismes juridiques pour respecter les traditions locales tout en garantissant l'égalité. Par exemple, les réformes agraires dans certains pays permettent de concilier les droits coutumiers et modernes.

Encourager des réformes coutumières progressistes via l'éducation juridique.

Conclusion

L'article 18, par son invitation à respecter le droit d'aînesse, interroge la place des coutumes dans un environnement juridique moderne. Si ce principe peut jouer un rôle dans certaines structures sociales, il doit être soumis aux exigences d'égalité et de justice propres au droit contemporain. En tant que professeur de droit, il est impératif de promouvoir une analyse critique qui concilie tradition et respect des normes juridiques internationales.

La compatibilité avec le droit moderne

La compatibilité entre le droit d'aînesse et le droit moderne dépend souvent de la capacité des systèmes juridiques à concilier tradition et modernité. Plusieurs stratégies sont envisageables :

Réformes progressives des coutumes : Sensibilisation des communautés locales pour adapter les traditions au respect des droits humains.

Intégration des droits fondamentaux dans le droit coutumier : Par exemple, en privilégiant la consultation familiale pour les successions.

Reconnaissance conditionnelle : Reconnaître le droit d'aînesse uniquement dans les cas où il ne porte pas atteinte à l'égalité et aux droits fondamentaux.

Article 19 :

Tout homme a deux beaux-parents :
Les parents de la fille que l'on n'a pas eue et la parole qu'on a prononcé sans contrainte aucune.
On leur doit respect et considération.

L'article 19 est une formulation métaphorique et poétique, qui peut se prêter à une analyse intéressante en plusieurs dimensions :

Analyse métaphorique et culturelle :

L'expression « les parents de la fille que l'on n'a pas eue » semble évoquer les responsabilités ou les engagements que l'on aurait pu éviter si certaines décisions n'avaient pas été prises. Elle renvoie à la reconnaissance implicite de nos choix, même indirects ou non réalisés, et au respect des conséquences qu'ils impliquent.[81]

La « parole prononcée sans contrainte aucune » fait écho à l'importance de la parole donnée, particulièrement dans les sociétés où la parole a une valeur sacrée. Elle met en lumière la responsabilité morale et sociale attachée à ce que l'on exprime librement.

Dimension juridique et morale :

Dans un cadre juridique, cet article peut rappeler l'importance du consentement éclairé et de la responsabilité découlant d'un acte volontaire. Prononcer une parole

[81] Au XIIIe siècle, mariages endogames ou exogames structuraient empires ouest-africains : refuser une union candidate générait hostilités durables, d'où ce devoir moral envers beaux-parents « virtuels » pour maintenir sanankunya et neutralité. Wa Kamissoko (griot guinéen) et D.T. Niane documentent son ancrage dans coutumes pré-Kirina, où choix parentaux engageaient générations, évitant guerres privées comme celles Soumaoro-Soundiata. L'expression équilibre liberté matrimoniale avec responsabilité collective, protégeant cohésion post-impériale.

librement engage l'individu, de la même manière qu'un contrat moral ou légal peut lier les parties.

Le respect et la considération évoqués renvoient à des notions d'éthique universelle, où les engagements pris volontairement méritent d'être honorés comme si l'on traitait avec une figure d'autorité ou de sagesse.

Perspective didactique et philosophique :

Il est important de suggérer que chaque engagement ou parole prononcée peut être une leçon, voire un apprentissage. Il s'agit de reconnaître que dans chaque interaction ou responsabilité, il y a une opportunité d'apprendre sur soi et sur le monde.

En somme, cet article pourrait être lu comme une invitation à la responsabilité, à l'humilité et à l'engagement éthique dans les relations humaines, où chaque acte, même métaphorique, a une portée qui dépasse l'individu. Une réflexion profonde sur le respect de la parole et des choix est au cœur de ce texte.

La compatibilité avec le droit moderne

L'article proposé, bien que rédigé sous une forme poétique et métaphorique, peut être mis en parallèle avec plusieurs concepts du droit moderne, en particulier ceux relatifs à la responsabilité et au respect des engagements. Voici une analyse de sa compatibilité avec le droit contemporain :

1. La parole comme engagement : compatibilité avec le droit des contrats

Dans le droit moderne, le consentement libre et éclairé est une condition essentielle à la formation des contrats. La phrase « la parole qu'on a prononcée sans contrainte aucune » fait écho à cette exigence fondamentale.

Une parole donnée dans un cadre volontaire peut être assimilée à un engagement contractuel. Le principe de "pacta sunt servanda" (les conventions doivent être respectées) en droit des obligations reflète cette idée de responsabilité découlant d'une parole librement prononcée.

Cependant, dans le droit moderne, la parole seule ne suffit pas toujours à créer une obligation juridique. Un contrat nécessite souvent des preuves écrites, surtout lorsqu'il porte sur des enjeux importants. Cela marque une différence notable entre la portée symbolique de cet article et les exigences techniques du droit.

2. Responsabilité morale et juridique

L'idée de « respect et considération » renvoie à des valeurs éthiques qui transcendent les lois positives. En droit moderne, des principes comme la bonne foi ou la loyauté contractuelle imposent un devoir de respect dans les relations juridiques.

La reconnaissance de ses engagements, même ceux qui n'ont pas abouti (comme « les parents de la fille que l'on n'a pas eue »), peut être reliée à des notions de responsabilité précontractuelle. Par exemple, si des négociations échouent après qu'une partie ait induit l'autre en erreur, cela peut engager une responsabilité pour faute (article 1240 du Code civil français).

3. Dimension sociétale et culturelle

En droit moderne, le respect de certaines relations humaines (famille, travail, voisinage) est encadré par des lois qui promeuvent la considération mutuelle et la dignité humaine. Les notions d'obligation morale, bien que non juridiquement contraignantes, trouvent des échos dans les droits liés à la vie familiale ou à la protection de la dignité humaine (par exemple, dans la Déclaration universelle des droits de l'homme, article 1).

Cependant, la métaphore des beaux-parents, qui représente des engagements ou des choix parfois implicites, ne correspond pas directement à des obligations légales dans le droit moderne. Elle relève davantage d'un appel à une éthique personnelle ou communautaire.

4. Limites dans le cadre juridique moderne

Le droit moderne se base sur des textes clairs, précis et non ambigus. L'interprétation poétique ou subjective d'un article comme celui-ci peut entraîner des difficultés dans son application juridique.

Le droit contemporain met davantage l'accent sur des normes objectives que sur des valeurs implicites ou symboliques, ce qui rendrait cet article difficile à transposer tel quel dans un code juridique.

Conclusion

Cet article est compatible avec certains principes fondamentaux du droit moderne, comme la responsabilité, le respect des engagements et la bonne foi. Cependant, sa nature métaphorique et son ancrage dans une perspective morale et symbolique en limitent l'applicabilité directe. Il pourrait inspirer une réflexion éthique ou philosophique sur les engagements humains, mais nécessiterait une reformulation pour s'inscrire pleinement dans un cadre juridique moderne.

Article 20 :

Ne maltraite, pas les esclaves, accordez-leur un jour de repos par semaine et faites en sorte qu'ils cessent le travail à des heures raisonnables. On est maître de l'esclave et non du sac qu'il porte.

Commentaire de l'Article 20 : Ne maltraite pas les esclaves, accordez-leur un jour de repos par semaine et faites en sorte qu'ils cessent le travail à des heures raisonnables. On est maître de l'esclave et non du sac qu'il porte, en tenant compte du contexte du Mali.

Introduction

Cet article évoque une tentative de réguler le traitement des esclaves en limitant les abus. En le transposant au contexte malien, il est essentiel de l'examiner sous l'angle des réalités historiques, culturelles et juridiques du pays, où des formes d'esclavage traditionnel persistent malgré leur interdiction légale. Ce commentaire mettra en lumière les tensions entre traditions sociales et droit moderne, tout en insistant sur l'impératif d'éradiquer toute forme d'asservissement.

I. L'héritage de l'esclavage au Mali : une persistance des pratiques traditionnelles

1. Contexte historique

L'esclavage a longtemps été pratiqué au Mali dans le cadre de structures sociales hiérarchisées. Dans plusieurs communautés, des castes ou statuts sociaux hérités (notamment les "jong" ou esclaves par ascendance) subsistent, où des personnes sont perçues comme subordonnées en raison de leur lignée. Bien que ces pratiques aient perdu leur base économique traditionnelle, elles restent enracinées dans des relations de domination sociale.

2. Une persistance contemporaine malgré l'interdiction légale

L'esclavage est interdit par la Constitution malienne et les conventions internationales ratifiées par le Mali, notamment la Convention de 1926 sur l'abolition de l'esclavage et le Pacte international relatif aux droits civils et politiques (PIDCP).

Cependant, des rapports récents, comme ceux de l'organisation Anti-Slavery International, montrent que des formes contemporaines d'asservissement, notamment le travail forcé ou le contrôle par lignage, persistent dans certaines régions rurales du Mali, particulièrement dans le centre et le nord.

II. Analyse juridique et sociale de l'article 20 dans le contexte malien

1. Un encadrement paternaliste de l'esclavage : une contradiction juridique

L'article 20 propose une réglementation du traitement des esclaves, comme l'octroi de repos hebdomadaire ou la limitation des heures de travail. Dans le cadre malien :

Cette approche reflète une tentative d'humaniser une pratique socialement ancrée, mais elle ne répond pas aux exigences du droit moderne qui exige l'abolition totale de l'esclavage.

Une telle réglementation serait incompatible avec la Constitution malienne de 2023, qui consacre la dignité humaine et interdit toutes formes de discrimination.

2. La tension entre coutumes locales et droit moderne

Au Mali, la persistance des pratiques liées à l'esclavage est souvent justifiée par des arguments culturels ou traditionnels. Cependant :

Le Code pénal malien[82] criminalise les pratiques esclavagistes. La mise en œuvre de ces dispositions reste limitée, notamment en raison de la faiblesse des institutions judiciaires dans certaines régions et de la crainte de troubler l'ordre social dans des communautés où ces pratiques sont enracinées.

3. Le rôle des droits de l'Homme

La coexistence entre coutumes traditionnelles et obligations internationales du Mali pose un dilemme. Les organisations internationales et locales, telles que Temedt, militent pour une application stricte des lois interdisant l'esclavage et la sensibilisation des populations aux droits fondamentaux.

III. Exemples pratiques dans le contexte malien

Les cas de travail forcé dans les communautés rurales

Dans certaines régions du nord et du centre du Mali, des personnes issues de castes dites "esclaves" continuent de subir des discriminations et des traitements assimilables à de l'esclavage. Par exemple : Elles peuvent être contraintes de travailler pour des familles dominantes sans rémunération adéquate. Des abus, comme la confiscation de terres ou le contrôle des mariages, sont signalés.

---

[82] L'article 324-11 interdit formellement toute pratique esclavagiste, tandis que l'article 324-12 en précise la définition comme « l'état d'un individu sur lequel s'exercent des attributs comparables à ceux du droit de propriété ». Les sanctions prévues sont désormais sévères :
10 ans de prison et 10 millions de FCFA d'amende pour esclavage ou traite d'esclaves ;
20 ans de prison criminelle et 5 millions de FCFA d'amende pour esclavage sexuel, avec des circonstances aggravantes si la victime est mineure, enceinte, malade ou en situation de handicap.

IV. Les efforts nécessaires pour aligner la pratique sur le droit moderne

1. Renforcer la sensibilisation juridique

Des campagnes éducatives sont nécessaires pour informer les populations sur les droits fondamentaux et le caractère illégal de l'esclavage.

Les organisations comme Temedt[83] jouent un rôle crucial en travaillant avec les communautés pour démystifier les pratiques héritées de l'esclavage.

2. Renforcement des institutions

Une réforme des institutions judiciaires et une meilleure protection des victimes sont nécessaires pour garantir que les lois soient appliquées de manière efficace.

Le Mali doit également renforcer la coopération avec les organisations internationales pour surveiller et éradiquer les formes contemporaines d'esclavage.

3. Intégration des droits humains dans les traditions locales

Travailler avec les leaders coutumiers pour promouvoir une interprétation des traditions qui respecte la dignité humaine et les droits fondamentaux peut aider à réduire la résistance sociale.

Conclusion

L'Article 20, s'il reflète une volonté de limiter les abus dans un système esclavagiste, est incompatible avec les exigences du droit moderne. Au Mali, où l'esclavage

---

[83] **Temedt** est une importante organisation malienne, particulièrement active dans la lutte contre l'esclavage par ascendance, une forme de discrimination et d'exploitation endémique au Mali, en particulier dans les régions du nord, qui se bat pour les droits des communautés < Tamasheq (Touareg) et des populations marginalisées

traditionnel persiste sous des formes contemporaines, il est impératif d'aller au-delà de la réglementation pour assurer une éradication totale de l'esclavage, tout en engageant les communautés dans une transformation culturelle et juridique respectueuse des droits fondamentaux. Le cadre légal existe, mais son application nécessite des efforts institutionnels, éducatifs et sociaux pour surmonter les résistances culturelles.

Application moderne

L'Article 20, dans un cadre moderne, nécessite l'**abolition totale de l'esclavage** et l'éradication du **travail forcé**, en ligne avec les **conventions internationales** sur les droits humains. Pour cela, des **lois strictes** doivent être appliquées, et des **mécanismes de contrôle** mis en place pour garantir l'égalité et la protection des travailleurs, notamment domestiques. Des **campagnes de sensibilisation** et une **formation des autorités locales** sont essentielles pour déconstruire les pratiques discriminatoires et assurer l'application des lois contre l'esclavage moderne.

Article 21 :

Ne poursuivez pas de vos assiduités les épouses : du Chef, du voisin, du marabout du féticheur, de l'ami et de l'associé.

Commentaire de l'Article 21 : Ne poursuivez pas de vos assiduités les épouses : du Chef, du voisin, du marabout, du féticheur, de l'ami et de l'associé

Introduction

Cet article aborde la question des relations sociales et matrimoniales, avec une interdiction spécifique de courtiser ou de rechercher les faveurs des épouses d'hommes occupant certaines positions dans la société. Bien qu'il semble relever davantage d'un cadre coutumier ou moral, il est pertinent de l'analyser sous l'angle juridique, en tenant compte des normes modernes concernant la famille, la propriété privée et les droits fondamentaux.

I. Contexte juridique et culturel de l'Article 21

1. Un principe moral fondé sur les relations sociales traditionnelles

Cet article reflète une préoccupation centrale des sociétés traditionnelles : préserver l'ordre social et éviter les conflits au sein de la communauté.

Les catégories mentionnées (chef, voisin, marabout, etc.) illustrent l'importance des liens hiérarchiques et communautaires dans les sociétés coutumières. La mise en garde vise à protéger l'honneur et la réputation des hommes, ainsi que la stabilité des relations matrimoniales.

2. Reconnaissance coutumière et droit moderne

Dans un cadre coutumier, cette interdiction pourrait être perçue comme un mécanisme de régulation sociale, mais elle entre en tension avec des principes juridiques modernes, notamment :

Le droit à la liberté individuelle : Les personnes, y compris les épouses, ne peuvent être assimilées à une "propriété" appartenant à une autre personne.

L'égalité des genres : En droit moderne, les époux ont des droits égaux dans le mariage, et la volonté individuelle prime sur les normes coutumières.

II. Analyse juridique et morale de l'interdiction

1. Protection de la vie privée et du mariage

L'article 21, bien qu'exprimé dans des termes coutumiers, repose sur une idée proche des principes juridiques modernes concernant la protection de la vie privée et du mariage :

En droit moderne, les relations matrimoniales sont protégées contre les interférences extérieures. Par exemple, dans certains systèmes, des actions civiles pour "rupture de mariage" ou "ingérence" peuvent être intentées contre des tiers ayant causé une séparation.

Toutefois, dans un cadre moderne, cette protection s'applique de manière égalitaire aux deux époux.

2. Tensions avec le principe d'autonomie individuelle

L'article semble réduire les épouses à des "objets d'assiduité", niant leur autonomie et leur liberté de choisir leurs relations. En droit moderne, ce type de formulation est incompatible avec :

Le principe de dignité humaine, consacré par des textes comme la Déclaration universelle des droits de l'homme (DUDH). L'égalité entre hommes et femmes, garantie dans des conventions internationales telles que la Convention sur l'élimination de toutes les formes de discrimination à l'égard des femmes (CEDEF).

3. Prévention des conflits sociaux

L'interdiction peut être interprétée comme une mesure préventive visant à éviter les conflits interpersonnels dans des sociétés où les liens sociaux sont étroits. Cependant, en droit moderne, de tels conflits sont résolus par des recours légaux, et non par des interdictions de nature coutumière.

III. Comparaison avec le droit moderne

1. Protection juridique du mariage

Dans les systèmes juridiques modernes :

Le mariage est protégé par des lois garantissant des obligations mutuelles entre époux, comme la fidélité ou le respect mutuel. Les tiers, bien qu'encouragés à respecter ces unions, ne sont pas soumis à des interdictions spécifiques comme celles énoncées dans cet article.

2. Liberté et consentement

L'article ne prend pas en compte le consentement et la volonté des épouses. En droit moderne :

Les relations entre individus reposent sur des principes d'autonomie et de libre consentement. L'idée d'"assiduités" ne peut être réglementée que si elle contrevient à d'autres principes juridiques, comme le harcèlement.

IV. Perspectives et enjeux dans le contexte juridique contemporain

1. Conciliation entre coutume et modernité

Dans les sociétés où les normes coutumières coexistent avec le droit moderne, il est essentiel de concilier les deux. Par exemple :

Préserver la stabilité sociale sans compromettre les droits fondamentaux des individus.

Sensibiliser les communautés à l'importance de respecter les principes juridiques contemporains.

2. Promotion de l'égalité des genres

Cet article reflète une vision patriarcale qui assigne aux femmes un rôle passif et les exclut du champ des décisions les concernant. Une réforme culturelle et juridique est nécessaire pour :

Garantir l'autonomie des femmes dans leurs relations.

Promouvoir des mécanismes juridiques pour résoudre les conflits sociaux et matrimoniaux sans recours à des normes coutumières discriminatoires.

Conclusion

L'Article 21, bien qu'il semble viser à protéger les relations sociales et matrimoniales, repose sur des bases coutumières incompatibles avec le droit moderne. Si l'intention de prévenir les conflits sociaux est louable, l'interdiction des "assiduités" envers les épouses des catégories mentionnées porte atteinte à l'autonomie individuelle, à l'égalité des genres, et à la liberté. Une interprétation moderne doit insister sur la protection des relations conjugales tout en respectant les droits fondamentaux des femmes et des individus en général. Le droit moderne offre des cadres plus justes et équitables pour gérer ces questions de manière conforme aux principes de dignité et d'égalité.

Article 22 :

La vanité est le signe de la faiblesse et l'humilité le signe de la grandeur.

Commentaire de l'Article 22 : La vanité est le signe de la faiblesse et l'humilité le signe de la grandeur

Introduction

L'Article 22 véhicule une maxime morale visant à valoriser l'humilité et à rejeter la vanité. Bien que cette affirmation semble davantage philosophique que juridique, elle peut être analysée sous l'angle du droit, notamment en examinant son rôle dans la régulation des comportements et ses implications dans des contextes juridiques tels que l'éthique des professionnels, la gestion des relations sociales, et la gouvernance.

I. Une norme morale au fondement des relations sociales et juridiques

1. Humilité et vanité comme principes moraux

Cet article exprime une vision éthique qui distingue deux attitudes opposées :

La vanité, décrite comme un défaut, est perçue comme une faiblesse de caractère qui nuit aux relations sociales et à l'autorité.[84]

L'humilité, valorisée comme un signe de grandeur, reflète une qualité indispensable dans les relations

---

[84] près la défaite de Soumangou Kanté (1235), Soundiata réunit chefs, griots et alliés à Kurukan Fuga pour codifier 44 normes orales régissant le multiethnique Manden, évitant les excès victorieux qui avaient miné l'empire précédent du Ghana. L'article 22 répond à ce besoin : la vanité des puissants (risque chez les nouveaux élites hôôrôn) menace la cohésion clanique naissante, tandis que l'humilité forge légitimité impériale via retenue et justice.https://www.humiliationstudies.org/documents/KaboreLaCharteDeKurukafuga.pdf

humaines, notamment dans les fonctions de pouvoir ou de responsabilité.

2. Ancrage culturel et social

Dans de nombreuses traditions, y compris les systèmes coutumiers, l'humilité est une vertu associée à la sagesse et au leadership efficace. Cette approche se retrouve dans les sociétés africaines où les chefs traditionnels ou leaders communautaires sont souvent attendus de faire preuve de modestie pour préserver l'harmonie sociale.

II. Application des principes de l'article dans le cadre juridique moderne

1. Humilité et déontologie des professions juridiques

Dans le domaine du droit, l'humilité est essentielle pour garantir une justice équitable et impartiale :

Les magistrats, avocats et autres professionnels du droit sont soumis à des règles déontologiques exigeant l'impartialité, la retenue et le respect des parties. L'absence d'humilité (par exemple, la vanité ou l'arrogance) peut conduire à des abus de pouvoir ou à un manquement aux devoirs professionnels.

2. La vanité comme source de conflits

En droit, la vanité peut se manifester par des comportements tels que :

L'arrogance dans l'exercice du pouvoir, qui peut entraîner des violations des droits fondamentaux.

Les abus d'autorité, souvent liés à un excès de confiance ou à un mépris des autres. Ces comportements sont régulés par des normes juridiques pour protéger les citoyens contre l'arbitraire.

3. Principes d'humilité dans la gouvernance

Dans un contexte de gouvernance, l'humilité est souvent associée à un leadership démocratique et participatif. Les dirigeants doivent faire preuve d'écoute et de respect des institutions.

Le principe de reddition des comptes (accountability) impose aux responsables politiques et administratifs de reconnaître leurs erreurs et de se soumettre à l'évaluation publique, ce qui reflète une forme d'humilité institutionnelle.

À l'inverse, un dirigeant vaniteux ou autoritaire risque de concentrer le pouvoir et de nuire au respect de l'État de droit.

III. Analyse critique et limites du principe

1. L'humilité comme norme subjective

Bien que l'humilité soit valorisée moralement, elle reste une notion subjective qui peut varier selon les cultures et les contextes. En droit, la difficulté réside dans l'objectivation de ce principe. Par exemple :

Comment évaluer si une décision judiciaire reflète un excès de vanité ou une juste affirmation d'autorité ?

Jusqu'où peut-on exiger l'humilité sans compromettre l'efficacité d'une fonction ou d'une décision ?

2. Vanité et ambition légitime

L'article semble condamner toute forme de vanité, mais il est essentiel de distinguer la vanité nuisible de l'ambition légitime :

En droit moderne, l'ambition personnelle n'est pas un défaut si elle respecte les normes légales et éthiques.

Un excès d'humilité peut parfois être perçu comme une faiblesse, surtout dans des contextes où l'affirmation de soi est nécessaire pour faire valoir ses droits.

IV. Perspectives juridiques et sociales

1. Promotion de l'humilité dans les relations sociales

Dans les relations sociales et juridiques, l'humilité contribue à l'apaisement des conflits et à la recherche de solutions consensuelles. Cela peut être intégré dans :

Les processus de médiation et de résolution des conflits, où les parties sont encouragées à faire preuve d'humilité pour trouver un terrain d'entente.

Les politiques de justice restaurative, qui privilégient le dialogue et la reconnaissance des torts.

2. Éducation juridique et éthique

L'article 22 souligne indirectement l'importance de l'éducation à l'éthique et aux valeurs morales dans la formation des juristes et des responsables publics. L'humilité y est une qualité fondamentale pour renforcer la légitimité des institutions et des professions.

Conclusion

L'Article 22, bien qu'il ait une portée morale et philosophique, a des implications juridiques profondes dans les relations sociales, la déontologie professionnelle et la gouvernance. La promotion de l'humilité comme valeur essentielle favorise l'équilibre des relations humaines et le respect des droits fondamentaux. Cependant, pour être applicable dans un cadre juridique moderne, ce principe doit être intégré dans des normes objectives, équilibrant modestie et affirmation légitime des droits. Le droit moderne peut s'inspirer de cette maxime pour encourager un leadership respectueux et des comportements éthiques au sein des institutions.

Article 23 :

**Ne vous trahissez jamais entre vous.
Respectez la parole d'honneur.**

Commentaire de l'Article 23 : Ne vous trahissez jamais entre vous. Respectez la parole d'honneur.

Introduction

L'Article 23 met en avant deux valeurs fondamentales des relations humaines : la loyauté et le respect de la parole donnée.[85] Ces principes, bien que moraux en apparence, trouvent des applications concrètes dans le cadre juridique, notamment dans les domaines du droit des contrats, du droit pénal, et du droit international. En tant que professeur de droit, il est pertinent d'examiner comment ces notions sont encadrées, protégées et appliquées dans les systèmes juridiques modernes.

I. La loyauté et la parole d'honneur dans un cadre moral et juridique

1. Une norme morale universelle

La loyauté et le respect de la parole donnée sont des principes universels, présents dans toutes les cultures et sociétés. Ils reposent sur :

La confiance mutuelle, essentielle au bon fonctionnement des relations sociales.

L'intégrité personnelle, qui confère une légitimité morale aux individus et renforce les liens sociaux.

---

[85] Dans le droit mandingue oral, la fidélité à la parole (nyara) était sanctionnée par exclusion sociale, médiation griotique et mécanismes rituels comme le sanankunya, sans peines corporelles systématiques mais avec déchéance d'honneur irréversible. Les griots (djéli), dépositaires inviolables de la parole ancestrale (art. 13 Charte), arbitrent les ruptures via performances publiques, imposant réparation ou ostracisme.

2. Leur transposition juridique

Dans le droit, ces valeurs morales trouvent leur application dans des règles concrètes :

En droit des contrats, le respect des engagements reflète directement le principe de parole donnée.

En droit pénal, la trahison est sanctionnée lorsqu'elle porte atteinte à des valeurs protégées, comme la sécurité de l'État ou la confiance publique.

Dans le droit coutumier ou les systèmes communautaires, la parole donnée peut avoir une valeur juridique égale à un contrat formel.

II. Analyse juridique des notions de trahison et de parole d'honneur

1. La trahison dans le droit moderne

La trahison peut être analysée sous différents angles juridiques :

En droit pénal :

Elle se manifeste par des infractions graves comme la trahison d'État, le renseignement à l'ennemi ou la désertion. Ces actes sont souvent punis par des peines lourdes, car ils menacent la sécurité collective.

Par exemple, dans plusieurs pays, la divulgation d'informations classifiées constitue une trahison passible de sanctions pénales.

En droit privé :

La trahison peut être interprétée comme une violation de la confiance, notamment dans les relations contractuelles, où elle se traduit par la non-exécution ou la rupture abusive d'un engagement.

2. Le respect de la parole donnée

Le respect de la parole d'honneur est une règle fondamentale en droit des obligations :

En droit des contrats :

La parole donnée est matérialisée par l'engagement contractuel, qui oblige les parties à respecter leurs promesses. Les systèmes juridiques modernes prévoient des sanctions en cas de non-respect des engagements (dommages-intérêts, exécution forcée, etc.).

En droit international :

Les traités internationaux reposent sur le principe du pacta sunt servanda (les accords doivent être respectés), qui est l'équivalent institutionnalisé de la parole d'honneur.

3. Loyauté et bonne foi

En droit civil, la bonne foi est un principe général qui exige que les parties à un contrat agissent loyalement et sans intention de nuire. Ce principe protège non seulement la parole donnée, mais aussi les attentes légitimes des parties.

III. Portée sociale et juridique de l'article dans les contextes contemporains

1. Prévention des conflits sociaux

Dans les relations communautaires ou coutumières, le respect de la parole donnée et l'interdiction de la trahison jouent un rôle clé dans la prévention des conflits. Une parole non tenue peut entraîner des dissensions graves, voire des violences dans des contextes où la justice formelle est difficilement accessible.

2. Protection de la confiance dans les institutions

Le respect de la parole d'honneur est également essentiel pour renforcer la confiance dans les institutions publiques et privées. Par exemple :

Les engagements des responsables publics doivent être tenus pour garantir leur crédibilité.

Les entreprises doivent respecter leurs promesses envers les consommateurs pour maintenir une concurrence loyale.

3. Lutte contre les abus de la parole donnée

Toutefois, le respect de la parole d'honneur ne doit pas être absolu :

En droit, un engagement obtenu par la violence, la fraude ou la contrainte peut être annulé.

La loi protège les parties vulnérables contre les abus de confiance ou les promesses non équitables.

IV. Perspectives et limites du respect de la parole d'honneur

1. L'équilibre entre morale et droit

L'article 23 fait appel à une norme morale qui, bien que fondamentale, ne peut pas toujours être appliquée telle quelle dans le droit. Par exemple :

Une promesse informelle ou non matérialisée peut ne pas avoir de valeur juridique dans certains systèmes juridiques.

Toutefois, le droit tend à intégrer ces normes morales dans des règles précises pour assurer leur effectivité.

2. Le défi de l'application universelle

Dans les relations internationales, le non-respect des engagements (comme le retrait unilatéral d'un traité) montre les limites pratiques du principe de parole donnée. La régulation de ces situations repose alors sur des mécanismes juridiques et diplomatiques complexes.

Conclusion

L'Article 23 rappelle l'importance fondamentale de la loyauté et du respect de la parole donnée dans les relations humaines et sociales. Ces valeurs, bien qu'essentiellement morales, trouvent une traduction directe dans de nombreuses branches du droit moderne, notamment le droit des contrats, le droit pénal et le droit international. Toutefois, pour être efficaces, ces principes doivent être encadrés par des règles juridiques précises qui équilibrent les exigences de morale, de justice et de sécurité juridique. Le respect de la parole d'honneur n'est pas seulement une vertu individuelle, mais un fondement essentiel du vivre-ensemble et de la stabilité des institutions.

Application moderne

L'Article 23, mettant en avant la loyauté et le respect de la parole donnée, trouve une application moderne dans le **droit des contrats**, où les parties sont tenues de respecter leurs engagements sous peine de sanctions comme les **dommages-intérêts**. Il s'applique également en **gouvernance**, où les dirigeants doivent honorer leurs promesses pour maintenir la **confiance publique**, ainsi qu'en **droit international**, où le principe de la parole donnée assure la validité des **traités internationaux**. Ces principes garantissent la stabilité et la **confiance** dans les relations juridiques, politiques et commerciales.

Article 24 :

Ne faites jamais du tort aux étrangers.

Commentaire de l'Article 24 : Ne faites jamais du tort aux étrangers.

Introduction

L'Article 24 met en avant un principe universel d'hospitalité et de respect des étrangers.[86] Dans un cadre coutumier, il reflète une règle sociale essentielle pour préserver la paix et l'harmonie entre communautés. Ce principe peut également être analysé à travers le prisme du droit moderne, où la protection des étrangers est consacrée par des normes internationales et des législations nationales.

I. Portée morale et sociale

Hospitalité comme valeur universelle

L'hospitalité envers les étrangers est un principe présent dans de nombreuses cultures. Elle garantit la coexistence pacifique entre les groupes et contribue à renforcer les liens sociaux.[87]

Dans le contexte traditionnel, cette règle était essentielle pour éviter les conflits avec des étrangers en

---

[86] L'hospitalité mandingue impose accueil inconditionnel (nourriture, abri, protection) sans distinction d'origine, sous peine de sanction griotique ; violation profane sacré, engageant responsabilité collective via nyaras (art. 13). Elle préfigure droit international refuge (art. 12 du CADHP) et ODD 10 (réduction inégalités migrantes).

[87] L'hospitalité envers les étrangers, principe universel présent dans de nombreuses cultures, garantit la coexistence pacifique entre groupes et renforce les liens sociaux, comme l'illustre l'article 24 de la Charte du Manden (« L'hospitalité est sacrée »). Dans le contexte mandingue, elle transcende clanicité pour assurer paix impériale et échanges économiques, préfigurant normes internationales contemporaines. https://oidp-afrique.org/wp-content/uploads/2020/04/Charte-de-Kouroukanfouga-1.pdf

voyage ou en transit, qui dépendaient souvent de l'accueil des communautés locales pour leur survie.

Prévention des conflits

Cet article invite à une régulation des comportements envers les étrangers pour prévenir les abus ou les hostilités. Il cherche à établir une norme sociale fondée sur la tolérance et le respect mutuel.

II. Perspectives juridiques modernes

La protection des étrangers dans le droit international

La Déclaration universelle des droits de l'homme (1948) proclame, dans son article 2, que tous les individus doivent jouir de leurs droits et libertés sans distinction, notamment en raison de leur origine nationale.

La Convention de Genève sur le statut des réfugiés (1951) établit des droits spécifiques pour les étrangers ayant besoin de protection internationale.

Ces instruments visent à garantir que les étrangers soient protégés contre toute forme de discrimination ou de mauvais traitements.

La législation nationale

De nombreux États incluent des dispositions protégeant les étrangers dans leurs constitutions ou lois.[88] Par exemple, en droit malien, les étrangers bénéficient de droits et de devoirs similaires à ceux des citoyens, conformément aux principes d'égalité et de non-discrimination.

---

[88] Article 5 de la constitution malienne de 2023 « Nul ne peut être contraint à l'exil. Toute personne persécutée en raison de ses convictions politiques ou religieuses, de son appartenance ethnique, peut bénéficier du droit d'asile en République du Mali.

Sanctions en cas de mauvais traitements

En droit pénal moderne, les mauvais traitements infligés aux étrangers sont sanctionnés au même titre que ceux commis contre les nationaux. De plus, certains systèmes juridiques prévoient des sanctions aggravées si les actes de violence sont motivés par des préjugés ethniques ou nationaux.

III. Pertinence contemporaine et enjeux

Gestion des migrations et des réfugiés

L'article reste particulièrement pertinent dans le contexte des migrations modernes, où les étrangers sont parfois confrontés à des discriminations ou à des violences, notamment en raison de leur statut vulnérable.

Les politiques d'accueil doivent s'inspirer de ce principe pour garantir une intégration harmonieuse des étrangers dans les sociétés d'accueil.

Tolérance et cohésion sociale

Cet article peut être vu comme un appel à lutter contre la xénophobie et les discours de haine, qui sont en contradiction avec les valeurs de respect et d'égalité promues par le droit international.

Limites pratiques

Bien que ce principe soit universel, son application pratique peut être mise à mal dans des contextes de crise économique, de tensions politiques ou d'insuffisance des cadres institutionnels pour gérer les migrations.

Conclusion

L'Article 24, en interdisant de faire du tort aux étrangers, exprime une valeur essentielle qui transcende les époques et les systèmes juridiques. Ce principe, profondément ancré dans les traditions, trouve une résonance forte dans le droit moderne, où il est consacré par les instruments internationaux et nationaux. Cependant, sa mise en œuvre pratique exige une volonté politique, des ressources institutionnelles, et une sensibilisation sociale pour lutter contre les discriminations et promouvoir la coexistence pacifique.

Application moderne

L'Article 24, qui prône le respect des étrangers, se traduit aujourd'hui par des normes internationales protégeant leurs droits, comme la Convention de Genève et la Déclaration universelle des droits de l'homme. En droit national, cela se reflète par des lois contre la discrimination et des politiques d'accueil des migrants et réfugiés. L'application moderne de cet article implique également des campagnes de sensibilisation pour lutter contre la xénophobie et promouvoir l'intégration des étrangers, en garantissant leur égalité de traitement dans toutes les sphères de la société.

Article 25 :

Le chargé de mission ne risque rien au Mandé.

Commentaire de l'Article 25 : Le chargé de mission ne risque rien au Mandé.

Introduction

Cet article établit un principe de protection pour les personnes investies d'une mission officielle, leur garantissant sécurité et respect au sein du territoire du Mandé. Ce principe reflète une norme coutumière essentielle pour préserver l'ordre social et assurer la bonne exécution des responsabilités confiées à ces individus. Dans le droit moderne, il trouve des parallèles dans les protections offertes aux représentants officiels, tant au niveau national qu'international.

I. Portée sociale et coutumière

Protection des personnes en mission officielle

Dans le cadre traditionnel, le chargé de mission représente une autorité ou une responsabilité déléguée par une instance supérieure (chef, communauté, roi, etc.).

L'article vise à garantir que ce représentant puisse exercer son mandat en toute sécurité, sans entrave ni menace, afin d'accomplir efficacement les objectifs de sa mission.

Préservation de l'ordre social

En protégeant les chargés de mission, cet article prévient les conflits ou les contestations pouvant découler de leur activité. Cela renforce la cohésion sociale et la confiance dans les institutions qui les mandatent.

Reconnaissance du rôle symbolique

Le chargé de mission peut également incarner un symbole de l'autorité ou de la souveraineté du Mandé. Le respect qui lui est dû dépasse donc sa personne pour inclure l'institution qu'il représente.

II. Parallèle avec les protections juridiques modernes

Droit interne : immunité des agents publics

En droit moderne, les agents publics et les fonctionnaires agissant dans l'exercice de leurs fonctions bénéficient de protections spécifiques contre les agressions, les entraves ou les menaces.

Ces protections, inscrites dans les codes pénaux et administratifs, visent à garantir le respect de l'autorité publique et la continuité du service.

Droit international : immunité des diplomates et émissaires

Les missions diplomatiques jouissent d'une immunité reconnue par des instruments comme la Convention de Vienne sur les relations diplomatiques (1961). Ces dispositions protègent les représentants officiels contre toute forme de harcèlement ou de persécution dans l'État hôte.

Dans le droit coutumier international, les émissaires ou négociateurs jouissent également d'un statut protégé pour favoriser les relations pacifiques entre entités.

Lien avec le droit coutumier africain

Dans de nombreuses traditions africaines, les émissaires, médiateurs ou porteurs de messages sont également protégés. Attenter à leur intégrité est souvent considéré comme un acte grave, pouvant entraîner des sanctions sévères.

III. Portée contemporaine et enjeux pratiques

Protection des médiateurs et des négociateurs

Cet article est particulièrement pertinent dans les contextes modernes de médiation et de gestion des conflits. Les négociateurs ou représentants envoyés dans des zones sensibles doivent bénéficier de garanties de sécurité pour favoriser le dialogue.

Par exemple, les médiateurs déployés dans le cadre de conflits armés ou de crises politiques (souvent sous l'égide d'organisations internationales comme l'Union africaine ou l'ONU) doivent jouir d'une protection similaire à celle exprimée dans cet article.

Limites et risques

Bien que ce principe soit universellement valorisé, son respect peut être compromis dans des contextes où l'autorité du mandaté est contestée. Cela nécessite des mécanismes institutionnels forts pour protéger efficacement les chargés de mission.

Conclusion

L'Article 25, en garantissant la sécurité du chargé de mission au Mandé, reflète une norme coutumière importante pour maintenir l'autorité et favoriser la continuité des missions officielles. Ce principe trouve des parallèles clairs dans les cadres juridiques modernes, où la protection des représentants officiels et diplomatiques est primordiale. Toutefois, son application effective dépend de la stabilité des institutions et du respect des normes établies, que ce soit dans les contextes traditionnels ou contemporains.

Article 26 :

Le taureau confié ne doit pas diriger le parc.

Commentaire de l'Article 26 : Le taureau confié ne doit pas diriger le parc.

Introduction

L'article 26, exprimé de manière métaphorique, véhicule une règle sociale importante dans les sociétés coutumières. Il met l'accent sur la nécessité de gérer les biens ou les responsabilités confiés à un individu avec retenue et dans le respect des limites imposées par le mandat. Cette disposition a pour but de prévenir les abus de pouvoir ou de confiance de la part des mandataires ou gestionnaires. En droit contemporain, ce principe se retrouve dans les règles relatives aux mandats, aux contrats de gestion et aux relations de délégation.

I. Portée symbolique et coutumière

Analyse de la métaphore

Le taureau confié : Il symbolise un bien ou une responsabilité confiée à une personne pour un usage ou une gestion temporaire.

Ne pas diriger le parc : Cela signifie que celui qui reçoit ce bien ou cette responsabilité ne doit pas s'arroger plus de pouvoir que ce qui lui a été attribué. L'excès d'autorité ou l'abus de confiance est condamné.

Prévention des abus de confiance

Cet article reflète une valeur coutumière essentielle : la limitation du pouvoir exercé par les gestionnaires ou dépositaires de biens. Il protège les propriétaires contre les excès ou les appropriations illicites.

Il vise également à préserver l'ordre social en définissant clairement les rôles et les responsabilités.

Encouragement à la modestie et à la responsabilité

L'article promeut une gestion humble et responsable des ressources ou charges confiées. Celui qui agit comme mandataire doit s'abstenir d'agir comme propriétaire ou dirigeant.

II. Parallèle avec le droit moderne

Encadrement juridique des mandataires et gestionnaires

En droit civil, les mandataires ou gestionnaires sont tenus de respecter les limites de leur mandat, conformément aux dispositions légales et contractuelles.

Par exemple, l'article 1984 du Code civil français définit le mandat comme un acte où une personne agit au nom d'une autre. Tout dépassement de pouvoir ou abus de gestion engage la responsabilité du mandataire.

Abus de pouvoir et sanctions

Dans les systèmes juridiques modernes, des sanctions civiles, pénales ou administratives peuvent être appliquées contre les abus de pouvoir. Par exemple :

Abus de biens sociaux dans les entreprises.

Gestion déloyale ou frauduleuse dans les relations contractuelles.

Préservation de la confiance

Le respect des limites dans les relations de délégation ou de gestion est essentiel pour maintenir la confiance dans les institutions et les relations économiques. Cet article vise donc à prévenir l'arbitraire et les conflits liés à l'exercice excessif d'un pouvoir délégué.

III. Pertinence contemporaine et enjeux pratiques

Responsabilité dans la gestion publique ou privée

Cet article trouve une pertinence particulière dans les contextes modernes, notamment pour lutter contre la corruption et les abus de pouvoir dans la gestion publique ou privée.

Les cadres institutionnels doivent veiller à ce que les mandataires ou responsables gèrent les biens ou les responsabilités confiées dans l'intérêt collectif.

Éducation et sensibilisation

Il est nécessaire d'inculquer aux gestionnaires et mandataires les valeurs d'humilité, de transparence, et de respect des limites imposées par leur rôle.

Limites et applications

Bien que ce principe soit universellement accepté, son application dépend de la clarté des règles, de la supervision effective, et de l'existence de mécanismes de contrôle et de sanctions.

Conclusion

L'Article 26, par sa métaphore du "taureau confié", met en lumière un principe fondamental de responsabilité et de modération dans la gestion des biens ou des charges confiées. Ce principe, bien que formulé dans un cadre coutumier, trouve des parallèles évidents dans le droit moderne, qui protège les propriétaires et limite les abus des gestionnaires ou mandataires. Il s'agit d'un appel à une gestion éthique et respectueuse, qui reste pertinent dans tous les contextes, qu'ils soient traditionnels ou contemporains.

Article 27 :

La jeune fille peut être donnée en mariage dès qu'elle est pubère sans détermination d'âge.
Le choix de ses parents doit être suivi quelques soit le nombre des candidats.

Introduction

L'article pose des questions complexes sur le mariage des jeunes filles, notamment sur l'âge, le consentement et le rôle des parents dans la prise de décision. Bien qu'il reflète des pratiques coutumières et traditionnelles, il entre en conflit avec les principes fondamentaux des droits humains et les cadres juridiques modernes, qui protègent la dignité, la liberté, ainsi que les droits des enfants et des femmes.

I. Portée coutumière et sociale de l'article

Le mariage comme institution sociale

Dans les sociétés traditionnelles, le mariage est une institution qui va au-delà des individus. Il est souvent perçu comme un moyen de renforcer les alliances familiales, économiques et sociales.

Le rôle des parents dans la sélection du conjoint découle de cette vision collective du mariage, où l'intérêt de la famille ou du clan prime sur celui de l'individu.

Absence de détermination d'âge

Cet article base l'âge du mariage sur la puberté, considérée dans les traditions comme le moment où une jeune fille est physiquement capable d'assumer les responsabilités du mariage et de la maternité.

Cela reflète une perception biologique du passage à l'âge adulte, sans tenir compte des dimensions psychologiques, sociales ou juridiques.

Rôle des parents dans le choix du conjoint

L'article place l'autorité des parents au-dessus de la volonté de la jeune fille, reflétant une structure patriarcale où l'individu, en particulier la femme, a peu de pouvoir de décision.

Ce rôle parental est justifié par la responsabilité perçue des parents de choisir le meilleur partenaire pour leur fille.

II. Incompatibilité avec les droits modernes

Le droit au consentement libre et éclairé

Les normes internationales, telles que la Convention sur l'élimination de toutes les formes de discrimination à l'égard des femmes (CEDEF) et la Convention relative aux droits de l'enfant (CDE), insistent sur le fait que le mariage doit reposer sur le consentement libre et éclairé des deux parties.[89]

En imposant le choix des parents, l'article nie à la jeune fille la possibilité d'exprimer son propre consentement.

[89] Les normes internationales comme la CEDAW (art. 16 : consentement libre/éclairé mariage sans discrimination) et la CDE (art. 24 : intérêt supérieur enfant, âge minimum 18 ans) exigent mariage basé sur consentement individuel des deux parties, incompatible avec autorité parentale/clanique de l'article 27 de la Charte de Kurukan Fuga (puberté + décision familiale). Ratifié par Mali (CEDAW 1985, CDE 1990), ces instruments priment coutume selon l'art. 116 de la Constitution (traités supérieurs lois internes), imposant réformes contre mariages précoces (40 % filles Mali <18 ans). Cour africaine (APDF c. Mali 2018) ordonne harmonisation : coutume subordonnée consentement libre.

Protection contre le mariage des enfants

Le mariage basé sur la puberté, sans âge minimum, est contraire aux standards internationaux. La CDE définit l'enfant comme toute personne de moins de 18 ans, et plusieurs pays ont établi cet âge comme le seuil minimal pour le mariage.

Le mariage des enfants est reconnu comme une forme de violence et de violation des droits, car il expose les jeunes filles à des risques accrus de violence, de complications de santé, et d'abandon scolaire.

Inégalité de genre

L'article reflète une discrimination de genre en conférant aux parents un pouvoir absolu sur les jeunes filles, sans reconnaissance de leur autonomie. Cela contrevient aux principes modernes d'égalité entre les sexes.

III. Répercussions sociales et juridiques

Conséquences du mariage précoce

Le mariage précoce empêche les jeunes filles de réaliser pleinement leur potentiel, notamment en limitant leur accès à l'éducation et en les exposant à des risques sanitaires et psychologiques.

Cela peut également perpétuer des cycles de pauvreté et de dépendance.

Évolution nécessaire dans les pratiques coutumières

Bien que les traditions jouent un rôle important dans les communautés, elles doivent être adaptées pour respecter les droits fondamentaux.

Des sensibilisations communautaires sont essentielles pour promouvoir des pratiques de mariage conformes aux normes modernes.

Application du droit moderne

Dans de nombreux États, des lois interdisent le mariage des enfants et protègent les droits des femmes. Par exemple, au Mali, l'âge minimum pour le mariage est fixé à 18 ans, mais des dérogations subsistent en raison des traditions locales, ce qui montre la tension entre coutume et législation.

IV. Perspectives et recommandations

Harmonisation entre coutumes et droit moderne

Des efforts doivent être faits pour sensibiliser les communautés aux dangers du mariage précoce et à l'importance de garantir le consentement des jeunes filles.

Les parents doivent être encouragés à considérer l'intérêt et les aspirations de leurs enfants plutôt que des intérêts familiaux ou économiques.

Renforcement des législations protectrices

Les gouvernements doivent s'assurer que les lois interdisant le mariage des enfants sont claires, appliquées et assorties de sanctions en cas de violation.

Des mécanismes doivent être mis en place pour protéger les jeunes filles et leur offrir des alternatives, comme l'accès à l'éducation et à l'autonomisation.

Rôle des organisations internationales et locales

Les ONG et institutions locales peuvent jouer un rôle clé en sensibilisant les communautés et en soutenant les jeunes filles vulnérables face au mariage précoce.

Conclusion

L'Article 27, bien qu'il reflète des pratiques coutumières profondément ancrées, est incompatible avec les principes modernes des droits de l'homme et de l'enfant. Le mariage basé sur la puberté et le choix parental restreint la liberté et l'autonomie des jeunes filles et expose à des violations graves de leurs droits. Il est impératif de réformer ces pratiques pour les aligner sur les standards internationaux, tout en respectant et en engageant les communautés pour une transition culturelle et juridique harmonieuse.

Article 28 :

Le jeune homme peut se marier à partir de 20 ans.

Commentaire de l'Article 28 : Le jeune homme peut se marier à partir de 20 ans.

Introduction

L'Article 28 établit l'âge minimal de mariage pour les jeunes hommes à 20 ans, une disposition qui reflète les valeurs coutumières attachées à la maturité et à la capacité d'assumer les responsabilités conjugales. Bien que cette règle semble adaptée aux besoins des sociétés traditionnelles, elle soulève des questions importantes lorsqu'elle est examinée à la lumière des normes juridiques modernes, notamment sur l'égalité des sexes et les droits individuels.

I. Analyse dans un cadre coutumier

L'âge de 20 ans comme seuil de maturité

Dans les sociétés traditionnelles, le mariage est perçu comme une étape nécessitant une préparation économique, sociale, et psychologique.

L'âge de 20 ans correspond souvent à une période où les jeunes hommes sont considérés comme capables de subvenir aux besoins d'un foyer et d'assumer leurs responsabilités matrimoniales.

Le rôle du jeune homme dans le mariage

La fixation d'un âge plus élevé que celui des jeunes filles (puberté, selon l'Article 27) traduit une vision traditionnelle des rôles de genre.

Le jeune homme est attendu comme le chef de famille et le principal pourvoyeur de ressources. Ce rôle nécessite donc un temps de préparation plus long.

II. Compatibilité avec les normes modernes

Harmonisation des âges de mariage

Dans le droit moderne, la plupart des pays fixent un âge minimum égal pour les hommes et les femmes, généralement à 18 ans, afin de garantir l'égalité des sexes.

La différence d'âge entre l'Article 28 (20 ans pour les hommes) et l'Article 27 (puberté pour les filles) reflète une inégalité de genre incompatible avec les principes fondamentaux des droits humains.

Consentement libre et éclairé

Le droit moderne met l'accent sur le consentement libre et éclairé des deux parties au mariage, ce qui suppose une maturité suffisante, tant pour les hommes que pour les femmes.

L'âge de 20 ans peut être perçu comme un seuil raisonnable pour garantir cette maturité, mais il doit être appliqué de manière égalitaire entre les sexes.

Droits et autonomisation des individus

Fixer un âge plus élevé pour les jeunes hommes peut également être vu comme une limitation de leur liberté de choix dans certaines circonstances. Les lois modernes garantissent que chaque individu puisse se marier dès qu'il atteint l'âge de la majorité légale (18 ans dans de nombreux systèmes).

III. Implications sociales et juridiques

Préparation à la vie maritale

L'âge de 20 ans pour le mariage des hommes peut contribuer à assurer qu'ils soient suffisamment préparés sur les plans psychologique, social, et économique.

Cette règle favorise la stabilité des foyers et peut réduire les cas d'instabilité matrimoniale liés à un mariage trop précoce.

Inégalités entre genres

En maintenant une différence d'âge entre les hommes et les femmes, l'article perpétue une perception patriarcale où l'homme est vu comme le chef de famille, tandis que la femme est subordonnée.

Cette vision contraste avec les normes modernes d'égalité, où les responsabilités au sein du mariage sont partagées.

Compatibilité culturelle et évolution légale

Dans des contextes où les coutumes influencent encore fortement les lois, cet article pourrait être adapté pour refléter des valeurs plus inclusives, tout en respectant les sensibilités locales.

Harmoniser les âges de mariage pour les hommes et les femmes serait une étape importante vers l'égalité.

IV. Recommandations

Égalisation des âges de mariage

Fixer un âge égal de mariage pour les hommes et les femmes (par exemple, à 18 ans, conformément aux normes internationales) garantirait une égalité des sexes et alignerait cet article sur les standards contemporains.

Sensibilisation des communautés

Éduquer les communautés sur l'importance de l'égalité dans le mariage et sur les avantages d'une préparation adéquate pour les deux conjoints peut faciliter l'adoption de pratiques harmonisées.

Renforcement des lois modernes

Les États doivent veiller à ce que les lois sur l'âge du mariage soient appliquées de manière égale pour protéger les droits individuels et promouvoir des unions libres et éclairées.

Conclusion

L'Article 28, en fixant l'âge minimal de mariage pour les jeunes hommes à 20 ans, reflète une préoccupation légitime pour leur préparation à la vie conjugale. Cependant, lorsqu'il est considéré conjointement avec l'Article 27, il révèle une inégalité de traitement entre hommes et femmes. Pour aligner cette règle avec les normes modernes des droits humains, il serait souhaitable d'unifier l'âge de mariage pour les deux sexes, tout en respectant les principes de maturité et de consentement libre et éclairé.

Article 29 :

La dote est fixée à 3 bovins : un pour la fille, deux pour ses père et mère.

Commentaire de l'Article 29 : La dot est fixée à 3 bovins : un pour la fille, deux pour ses père et mère.

Introduction

L'Article 29 fixe les modalités de la dot, une pratique coutumière largement répandue dans les sociétés traditionnelles. En prévoyant une dot de trois bovins, l'article cherche à encadrer les obligations liées au mariage. Cependant, cette disposition soulève des questions juridiques et éthiques lorsqu'elle est confrontée aux normes modernes de droits humains, d'égalité des sexes et de liberté matrimoniale.

I. Portée coutumière et sociale

La dot comme institution culturelle

La dot, dans les sociétés traditionnelles, symbolise un engagement formel entre deux familles et un acte de reconnaissance envers les parents de la mariée pour leur rôle dans son éducation.

Elle marque aussi l'union entre deux clans ou familles, renforçant les liens sociaux et économiques.

Fixation à trois bovins

L'article encadre la dot en la limitant à trois bovins : un pour la jeune fille et deux pour ses parents. Cette répartition reflète une tentative d'équilibrer l'honneur de la mariée et la reconnaissance due à sa famille.

En standardisant cette pratique, l'article vise à éviter des exigences excessives qui pourraient rendre le mariage inaccessible.

Une dimension économique et symbolique

Dans les sociétés rurales où le bétail est une source de richesse, la dot joue un rôle économique important. Elle peut également symboliser la capacité du mari à subvenir aux besoins de sa nouvelle famille.

II. Analyse juridique et éthique

La dot face aux normes modernes

En droit moderne, la dot peut être perçue comme une pratique discriminatoire, car elle associe la valeur de la femme à une transaction économique.

Elle peut également contrevenir au principe d'égalité entre les époux, garanti par des textes comme la Convention sur l'élimination de toutes les formes de discrimination à l'égard des femmes (CEDEF).

Le consentement et la liberté matrimoniale

La dot, bien qu'elle soit une tradition, peut devenir une contrainte lorsqu'elle conditionne l'union matrimoniale. En droit moderne, le mariage doit reposer sur le consentement libre et éclairé des deux parties, sans pression financière ou familiale.

Encadrement légal dans certains pays

Dans plusieurs systèmes juridiques, des lois ont été adoptées pour encadrer ou abolir la dot afin de prévenir les abus.

Par exemple :

En Inde, la loi interdit la dot pour éviter qu'elle ne devienne un fardeau économique.

Au Mali, bien que la dot soit encore pratiquée, le Code des personnes et de la famille cherche à limiter les excès.

III. Conséquences sociales et juridiques

Risques liés à la pratique de la dot

Pression économique : Une dot élevée peut devenir un obstacle au mariage pour les familles modestes, ce qui peut entraîner des conflits sociaux ou une marginalisation des femmes.

Dévalorisation des femmes : En associant un prix à la mariée, la dot peut renforcer une vision patriarcale où les femmes sont considérées comme des biens échangeables.

Impacts positifs potentiels

Lorsqu'elle est encadrée, la dot peut préserver son rôle symbolique sans devenir un fardeau. L'encadrement de la dot à trois bovins, comme prévu par cet article, peut limiter les abus et garantir l'accessibilité du mariage.

Transition vers des pratiques modernes

Dans les sociétés en transition, des réformes peuvent chercher à remplacer la dot par des pratiques plus inclusives, tout en respectant les sensibilités culturelles.

IV. Recommandations pour une interprétation contemporaine

Réduction des discriminations

La dot ne doit pas être une condition essentielle du mariage, mais plutôt une tradition symbolique non contraignante. Cela garantirait que la femme ne soit pas réduite à une valeur économique.

Encadrement légal de la dot

Des lois claires doivent être adoptées pour limiter la dot à des montants symboliques et prévenir les abus. Ces lois doivent également protéger les droits des femmes et garantir leur consentement.

Sensibilisation et éducation communautaire

Les communautés doivent être sensibilisées à l'importance de l'égalité entre les sexes dans le mariage. Cela inclut la promotion de pratiques matrimoniales respectueuses des droits humains.

Conclusion

L'Article 29, en fixant la dot à trois bovins, tente de standardiser une pratique coutumière pour éviter les abus et préserver une certaine accessibilité au mariage. Cependant, cette disposition, bien qu'utile dans un contexte traditionnel, doit être réexaminée pour garantir qu'elle soit conforme aux principes d'égalité, de dignité et de liberté individuelle. Une réforme graduelle et un encadrement juridique pourraient permettre de concilier cette tradition avec les exigences du droit moderne et des droits humains.

Article 30 :

Venons en aide à ceux qui en ont besoin.

Commentaire de l'Article 30 : Venons en aide à ceux qui en ont besoin.

Introduction

L'Article 30 met en lumière un principe fondamental de solidarité et d'entraide, qui constitue une valeur universelle dans les sociétés traditionnelles et modernes.[90] Cet impératif moral, profondément ancré dans les relations humaines, trouve des équivalents juridiques dans les normes contemporaines, notamment en matière de droits sociaux, d'assistance aux personnes en difficulté, et de justice sociale.

I. Portée morale et sociale de l'article

La solidarité comme fondement des relations sociales

Cet article incarne une valeur essentielle des sociétés traditionnelles, où l'entraide est un mécanisme vital pour assurer la survie collective.

L'aide aux plus vulnérables renforce les liens communautaires et la cohésion sociale, créant un environnement où chacun se sent soutenu en cas de besoin.

Le devoir moral d'assistance

Cette règle dépasse les intérêts individuels pour promouvoir une responsabilité collective envers les

---

[90] L'article 30 de la Charte du Manden (« Venons en aide à ceux qui en ont besoin ») met en lumière un principe fondamental de solidarité et d'entraide, valeur universelle structurant sociétés traditionnelles mandingues et résonnant dans droits humains modernes. Proclamé à Kurukan Fuga (1236), il impose obligation collective d'assistance aux vulnérables, préfigurant CADHP art. 28 (solidarité).

membres les plus fragiles de la communauté, tels que les orphelins, les veuves, les malades et les pauvres.

II. Parallèle avec le droit moderne

Le principe d'assistance en droit international

Le droit moderne consacre la solidarité à travers des instruments internationaux, tels que la Déclaration universelle des droits de l'homme (DUDH), qui stipule à son article 25 que toute personne a droit à un niveau de vie suffisant, y compris à une assistance en cas de besoin.

La Convention relative aux droits de l'enfant et d'autres traités internationaux mettent également l'accent sur l'aide aux groupes vulnérables.

Assistance en droit national

Dans de nombreux pays, des lois prévoient l'obligation d'apporter une aide aux personnes en détresse, comme dans le cas de la "non-assistance à personne en danger".

Des systèmes d'assistance sociale, de sécurité sociale et d'aide humanitaire institutionnalisent ce devoir d'entraide.

Solidarité dans les systèmes coutumiers

Les systèmes juridiques coutumiers, souvent basés sur des relations communautaires, valorisent fortement l'entraide. Cette obligation morale est souvent transformée en règle coutumière, avec des sanctions sociales pour ceux qui ne respectent pas cette valeur.

III. Portée et implications sociales

Lutte contre les inégalités

Cet article promeut un mécanisme de réduction des inégalités en favorisant une redistribution des ressources ou une aide matérielle et morale aux plus démunis.

Il reconnaît implicitement que les ressources et opportunités ne sont pas également réparties et que ceux qui en disposent davantage ont un rôle à jouer dans l'équilibre social.

Responsabilité collective et individuelle

L'article impose à chacun une responsabilité personnelle dans la solidarité collective. Ce devoir peut s'exercer individuellement (don de biens ou services) ou à travers des institutions (aide humanitaire, politiques publiques).

Risques d'interprétation

Si l'entraide est essentielle, elle ne doit pas être exploitée ou imposée de manière à nuire aux droits fondamentaux des donateurs ou des aidants. Une aide doit être volontaire et proportionnée aux capacités de ceux qui la fournissent.

IV. Recommandations et perspectives contemporaines

Renforcement des mécanismes d'entraide

Les gouvernements et les organisations locales doivent développer des politiques et programmes pour institutionnaliser cette solidarité (assistance sociale, aides aux sinistrés, soutien aux personnes âgées, etc.).

Éducation et sensibilisation à la solidarité

Intégrer les valeurs de solidarité dans les programmes éducatifs et les sensibilisations communautaires est essentiel pour maintenir l'esprit d'entraide dans les générations futures.

Adaptation au contexte moderne

Dans des sociétés complexes, ce principe peut être traduit par des systèmes d'assurance sociale, des aides publiques ou des initiatives communautaires, afin d'assurer que l'entraide ne repose pas uniquement sur des efforts individuels mais bénéficie d'un cadre structuré.

Conclusion

L'Article 30, en appelant à l'entraide envers ceux qui en ont besoin, incarne une valeur intemporelle et universelle. Ce principe, profondément ancré dans les traditions communautaires, trouve une résonance dans les cadres juridiques modernes qui institutionnalisent la solidarité par des lois et politiques publiques. Pour garantir son application équitable et durable, il est nécessaire de renforcer les mécanismes d'entraide collective tout en éduquant les individus à la responsabilité sociale.

Application moderne

L'Article 30, appelant à l'entraide, se traduit aujourd'hui par des politiques publiques telles que les programmes d'assistance sociale et les systèmes de sécurité sociale, qui assurent la protection des personnes vulnérables. Des initiatives communautaires et des organisations caritatives contribuent également à cette solidarité, en fournissant de l'aide dans des domaines comme la santé et l'éducation. Enfin, l'intégration de la sensibilisation à la solidarité dans les programmes éducatifs et le soutien aux **actions bénévoles** renforcent l'esprit d'entraide dans les sociétés modernes.

II – DES BIENS :

Commentaire des dispositions relatives aux biens dans la Charte de Kurukanfuga (Articles 31 à 36)

Introduction

Les articles de la Charte de Kurukanfuga concernant les biens (Articles 31 à 36) posent des principes fondamentaux sur la propriété, la gestion et l'utilisation des ressources. Ces règles, ancrées dans un contexte coutumier, reflètent les valeurs de justice, d'équité et de régulation sociale. Elles cherchent à assurer la paix et l'harmonie au sein de la communauté tout en satisfaisant les besoins économiques des individus. Ce commentaire étudiera leur portée sociale, leur compatibilité avec le droit moderne, et leurs implications.

I. Analyse des articles relatifs aux biens

Article 31 : Il y a cinq façons d'acquérir la propriété : l'achat, la donation, l'échange, le travail et la succession. Toute autre forme sans témoignage probant est équivoque.

Portée coutumière

Cet article établit des modes clairs et légitimes d'acquisition de propriété, reflétant un souci de régularité et de transparence dans les transactions.

La mention des témoignages probants souligne l'importance des preuves et des témoins dans les sociétés traditionnelles pour prévenir les conflits.

Compatibilité avec le droit moderne

Les modes d'acquisition de propriété énumérés (achat, donation, échange, travail, succession) sont conformes aux principes du droit moderne, notamment en droit civil.

L'exigence de témoignages probants peut être comparée à la nécessité de documents ou contrats écrits dans les systèmes juridiques contemporains.

Article 32 : Tout objet trouvé sans propriétaire connu ne devient propriété commune qu'au bout de quatre ans.

Portée coutumière

Cet article encadre la gestion des biens perdus en établissant un délai de prescription de quatre ans avant qu'un bien sans propriétaire identifié ne devienne propriété collective.

Cela reflète un équilibre entre la protection des droits du propriétaire initial et l'intérêt collectif.

Lien avec le droit moderne

En droit moderne, des règles similaires existent sous la forme de prescriptions pour les biens trouvés, bien que la durée varie selon les juridictions. Par exemple, en France, un bien non réclamé peut devenir la propriété de l'inventeur ou de la commune après un certain délai.

Article 33 : La quatrième mise-bas d'une génisse confiée est la propriété du gardien.

Portée coutumière

Cet article reconnaît et valorise le travail du gardien qui entretient une génisse confiée, en lui attribuant une partie des bénéfices issus de cet animal.

Il reflète un système de partage équitable des ressources et récompense l'effort individuel.

Équivalent en droit moderne

Cette disposition s'apparente aux contrats modernes de métayage ou de gestion, où les bénéfices sont partagés entre le propriétaire et l'exploitant. Le principe est similaire à celui de la rémunération en fonction du travail effectué, une base commune aux systèmes juridiques.

Article 34 : Un bovin doit être échangé contre quatre moutons ou quatre chèvres.

Portée coutumière

Cet article établit une unité de mesure pour l'échange de biens dans une économie de troc, garantissant un équilibre perçu entre des ressources différentes.

Il répond à une nécessité pratique de standardiser les transactions.

Obsolescence dans le droit moderne

Dans les économies monétaires modernes, ce type d'article n'a plus la même pertinence. Cependant, il reste applicable dans certains contextes ruraux ou dans des économies locales où le troc persiste.

Article 35 : Un œuf sur quatre est la propriété du gardien de la poule pondeuse.

Portée coutumière

Cette règle établit une rémunération pour le gardien qui prend soin des poules pondeuses, en lui attribuant une part des bénéfices sous forme d'œufs.

Elle encourage la collaboration et la reconnaissance des efforts individuels.

Application contemporaine

Ce principe peut être comparé à des systèmes modernes de rétribution proportionnelle, tels que les contrats de partage de profits. Il montre l'importance de valoriser le travail dans la gestion des ressources.

Article 36 : Assouvir sa faim n'est pas du vol si on n'emporte rien dans son sac ou sa poche.

Portée coutumière

Cet article illustre une compassion envers ceux qui souffrent de la faim, autorisant la prise d'aliments pour se nourrir, à condition de ne pas en emporter.

Il reflète une approche communautaire et morale de la gestion des ressources, où l'aide aux plus démunis prime sur la stricte application des règles de propriété.

Parallèle en droit moderne

En droit pénal moderne, le principe d'état de nécessité peut justifier des actes normalement répréhensibles, comme le vol, si ceux-ci sont commis pour répondre à un besoin vital.

Cet article anticipe les débats contemporains sur la justice sociale et la lutte contre la pauvreté.

II. Analyse globale des principes sur les biens

Justice et équité

Ces articles visent à établir une répartition juste et équitable des ressources, en reconnaissant le travail, en protégeant la propriété, et en limitant les abus.

Prévention des conflits

En encadrant clairement les modes d'acquisition et de gestion des biens, ces règles visent à prévenir les litiges et à maintenir la paix sociale.

Solidarité et respect des besoins

Ces articles reflètent une forte valeur de solidarité, en tenant compte des besoins des membres de la communauté (Article 36) et en encourageant le partage des bénéfices (Articles 33 et 35).

III. Compatibilité avec le droit moderne

Points de convergence

Les principes de propriété, de preuve, et de partage des bénéfices se retrouvent dans les systèmes juridiques modernes, bien que sous des formes plus formalisées.

L'idée de compassion pour les nécessiteux (Article 36) reste pertinente et est intégrée dans les politiques sociales contemporaines.

Points d'adaptation

Certaines dispositions, comme l'évaluation des échanges en termes de troc (Article 34), nécessitent une adaptation pour les économies modernes.

La reconnaissance légale des droits des gardiens (Articles 33 et 35) pourrait être intégrée dans des contrats formels.

Les articles relatifs aux biens dans la Charte de Kurukanfuga établissent des principes équilibrés de gestion et d'utilisation des ressources, adaptés à une société coutumière. Ces règles visent à garantir la justice, la solidarité et la prévention des conflits. Bien que certaines dispositions soient obsolètes dans un contexte moderne, elles restent pertinentes en tant qu'expressions de valeurs universelles, comme l'équité et la compassion. Pour une application contemporaine, ces principes pourraient être intégrés dans des cadres juridiques modernes tout en respectant leur esprit originel.

Article 31 :

Il y a cinq façons d'acquérir la propriété : l'achat, la donation, l'échange, le travail et la succession. Toute autre forme sans témoignage probant est équivoque.

Commentaire de l'Article 31 : Il y a cinq façons d'acquérir la propriété : l'achat, la donation, l'échange, le travail et la succession. Toute autre forme sans témoignage probant est équivoque.

Introduction

L'Article 31 de la Charte de Kurukanfuga fixe les modes légitimes d'acquisition de la propriété, tout en exigeant des preuves ou témoignages pour valider les transactions. Cet article vise à établir un cadre clair pour la gestion et la transmission des biens, réduisant ainsi les conflits liés à la propriété. Il reflète une approche coutumière fondée sur la justice et la transparence, tout en présentant des similitudes avec les principes fondamentaux du droit moderne des biens.

I. Portée coutumière de l'article

Encadrement des acquisitions

En définissant les cinq modes légitimes d'acquisition de la propriété (achat, donation, échange, travail et succession), cet article limite les conflits et garantit que les transactions respectent des normes sociales acceptées.

Cette règle offre une sécurité juridique au sein des communautés traditionnelles, où la propriété joue un rôle central dans la survie économique et les relations sociales.

Importance des témoignages probants

L'exigence de témoignages ou de preuves pour valider une acquisition souligne l'importance de la transparence et de la régularité dans les transactions.

Dans les sociétés orales où l'écrit était rare, le témoignage des membres de la communauté jouait un rôle clé dans la reconnaissance des droits de propriété.

Prévention des abus et des litiges

En excluant toute acquisition sans preuve ou témoignage, l'article vise à prévenir les appropriations frauduleuses et les conflits qui pourraient en découler.

II. Parallèle avec le droit moderne

Modes d'acquisition de la propriété

Les modes mentionnés dans l'article (achat, donation, échange, travail, succession) correspondent aux principales catégories reconnues en droit civil moderne.

Achat : Contrats de vente.

Donation : Actes volontaires sans contrepartie.

Échange : Transactions bilatérales.

Travail : Droits acquis par le travail (par exemple, dans le cadre de contrats de prestation).

Succession : Transmission héréditaire des biens.

Exigence de preuve

En droit moderne, les transactions et acquisitions doivent être accompagnées de preuves tangibles (contrats écrits, actes notariés). La mention des "témoignages probants" dans l'article reflète cette exigence de preuve, bien qu'adaptée au contexte oral des sociétés traditionnelles.

Conformité avec les principes de justice

L'article promeut des principes d'équité et de sécurité juridique en exigeant que les acquisitions soient clairement identifiables et validées. Cela correspond aux principes modernes de transparence dans la gestion de la propriété.

III. Implications sociales et juridiques

Sécurité juridique et sociale

En fixant des modes précis d'acquisition, l'article protège les individus et les familles contre les revendications injustes ou les litiges liés à la propriété.

Préservation de l'ordre social

En limitant les moyens légitimes d'acquisition, l'article garantit que les transactions respectent les normes sociales et culturelles, renforçant ainsi la stabilité communautaire.

Exclusion des acquisitions illégitimes

Toute acquisition sans preuve est considérée comme "équivoque", ce qui implique une possible annulation. Cette règle décourage les comportements frauduleux et les prises de possession illégitimes.

IV. Application contemporaine et recommandations

Harmonisation avec le droit moderne

Les principes de l'article peuvent être harmonisés avec les règles modernes, notamment en insistant sur la documentation des transactions pour éviter les ambiguïtés.

Les systèmes coutumiers pourraient adopter des méthodes modernes (comme l'enregistrement foncier) pour renforcer la sécurité juridique.

Éducation sur les modes d'acquisition

Il est essentiel de sensibiliser les communautés aux implications juridiques des transactions et à l'importance de conserver des preuves ou des documents, même dans les contextes coutumiers.

Reconnaissance des preuves orales dans des contextes spécifiques

Dans certaines zones rurales ou coutumières, où les documents écrits sont rares, les témoignages probants pourraient continuer à jouer un rôle important. Cependant, leur fiabilité doit être encadrée par des mécanismes transparents.

Conclusion

L'Article 31 établit des bases solides pour la régulation de la propriété, en limitant les acquisitions aux modes légitimes et en exigeant des preuves pour leur validation. Ces principes, bien que issus d'un contexte traditionnel, restent pertinents et compatibles avec les normes modernes. En les adaptant aux réalités contemporaines, notamment par l'intégration de mécanismes écrits et l'enregistrement des transactions, ils peuvent contribuer à renforcer la sécurité juridique et la justice dans les questions de propriété.

Application moderne

L'Article 31, qui définit les cinq modes légitimes d'acquisition de la propriété (achat, donation, échange, travail et succession), trouve une application moderne dans les systèmes juridiques actuels à travers les contrats notariés, les actes de vente, et l'enregistrement foncier. L'exigence de preuves tangibles, comme les documents écrits, reflète le besoin de transparence et de sécurité juridique. Les pratiques coutumières peuvent encore intégrer des témoignages oraux, mais doivent être encadrées par des mécanismes formels pour garantir leur validité et éviter les conflits sur la propriété.

Article 32 :

Tout objet trouvé sans propriétaire connu ne devient propriété commune qu'au bout de quatre ans.

Commentaire de l'Article 32 : Tout objet trouvé sans propriétaire connu ne devient propriété commune qu'au bout de quatre ans.

Introduction

L'Article 32 traite de la gestion des biens sans propriétaire connu, en établissant un délai de prescription de quatre ans avant qu'ils ne soient considérés comme propriété commune. Cette disposition vise à équilibrer les droits du propriétaire initial, la gestion communautaire des biens, et la prévention des conflits liés aux objets trouvés. Ce commentaire analyse la portée de cet article dans son contexte coutumier et sa compatibilité avec les principes modernes du droit de la propriété.

I. Portée coutumière de l'article

Protection des droits du propriétaire initial

En imposant un délai de quatre ans, cet article donne au propriétaire légitime le temps de réclamer l'objet. Cela protège ses droits tout en évitant que des biens perdus ne soient immédiatement revendiqués par d'autres.

Cette disposition reflète une approche équilibrée, cherchant à concilier les intérêts individuels et collectifs.

Établissement de la propriété commune

Si, après quatre ans, le propriétaire ne se manifeste pas, l'objet devient propriété commune, ce qui traduit une vision communautaire de la gestion des ressources.

Cette règle vise à éviter des litiges inutiles et à promouvoir l'utilisation collective des biens abandonnés pour le bénéfice de la communauté.

Prévention des conflits

L'article offre une solution claire pour éviter les conflits concernant les objets trouvés, en instaurant une règle temporelle universellement applicable dans la communauté.

II. Parallèle avec le droit moderne

Prescription et biens trouvés

En droit moderne, des règles similaires existent pour encadrer la gestion des biens trouvés. Par exemple :

En France, selon le Code civil (Article 2276), les biens meubles peuvent être acquis par prescription après un certain délai, souvent déterminé par des lois locales.

Dans d'autres systèmes, des délais spécifiques sont prévus pour que le propriétaire initial revendique ses biens.

Régime des objets abandonnés

En droit moderne, les objets abandonnés ou non réclamés peuvent devenir propriété de l'État, des collectivités locales, ou, dans certains cas, de l'inventeur (la personne qui a trouvé l'objet).

Le délai de quatre ans mentionnés dans cet article est comparable à ces régimes de prescription modernes, bien que la notion de "propriété commune" diffère selon les contextes.

Équilibre entre droits individuels et collectifs

L'article reflète un principe d'équilibre également présent en droit moderne : protéger les droits individuels tout en assurant une gestion équitable des biens abandonnés dans l'intérêt collectif.

III. Implications sociales et juridiques

Encadrement des biens sans propriétaire

En établissant une règle claire, l'article limite les disputes et offre une méthode transparente pour gérer les objets trouvés.

Il permet également de préserver les droits du propriétaire initial, tout en évitant que des biens inutilisés ne deviennent sources de conflits.

Vision communautaire de la propriété

En attribuant les biens non réclamés à la communauté après quatre ans, cet article souligne l'importance de l'intérêt collectif dans les sociétés traditionnelles.

Ce principe peut être comparé à des régimes modernes de gestion collective des biens publics ou abandonnés.

Inclusion des témoins ou preuves

La reconnaissance de la propriété dans les sociétés coutumières dépend souvent de témoins ou de preuves orales. Dans ce contexte, la règle des quatre ans pourrait inclure un processus d'évaluation communautaire pour déterminer si le bien est véritablement sans propriétaire.

IV. Perspectives contemporaines

Harmonisation avec le droit moderne

Cet article pourrait être aligné avec des pratiques modernes en encourageant l'enregistrement des objets trouvés auprès d'autorités locales, afin de formaliser le processus.

La reconnaissance de la propriété commune après quatre ans pourrait être adaptée pour inclure des mécanismes de redistribution ou d'utilisation collective.

Sensibilisation aux droits de propriété

Dans les sociétés contemporaines, où les systèmes juridiques formels se superposent aux règles coutumières, il est important de sensibiliser les communautés aux droits de propriété et aux procédures légales pour éviter les abus.

Protection des objets de valeur culturelle ou historique

Les objets trouvés d'une grande valeur culturelle ou historique devraient être protégés pour éviter qu'ils ne soient simplement intégrés dans la propriété commune sans considération pour leur importance patrimoniale.

Conclusion

L'Article 32, en établissant un délai de prescription de quatre ans pour les biens sans propriétaire connu, reflète un souci d'équilibre entre les droits individuels et les intérêts collectifs. Ce principe, bien qu'ancré dans un contexte coutumier, reste pertinent et compatible avec les normes modernes, notamment en matière de gestion des biens trouvés. Pour une application contemporaine, il pourrait être complété par des mécanismes de formalisation et une sensibilisation accrue aux droits de propriété. Cela garantirait une gestion juste et équitable des biens dans des sociétés en transition entre traditions et modernité.

Article 33 :

La quatrième mise-bas d'une génisse confiée est la propriété du gardien.

Commentaire de l'Article 33 : La quatrième mise-bas d'une génisse confiée est la propriété du gardien.

Introduction

L'Article 33 établit un principe de partage des bénéfices entre le propriétaire d'une génisse et le gardien chargé de son entretien. En attribuant la quatrième mise-bas au gardien, cet article reflète une vision coutumière de justice et d'équité basée sur le travail fourni et la responsabilité assumée. Ce principe, bien que spécifique au contexte rural et pastoral, présente des parallèles intéressants avec des concepts modernes de rétribution et de gestion contractuelle.

I. Portée coutumière de l'article

Reconnaissance du travail du gardien

L'article reconnaît la contribution essentielle du gardien dans l'entretien et la gestion du bétail.

En attribuant la quatrième mise-bas (le veau) au gardien, il instaure une récompense proportionnelle à son investissement sur le long terme, valorisant ainsi son travail et sa fidélité.

Équité et équilibre dans les relations économiques

Ce principe illustre une répartition équitable des bénéfices issus de la propriété d'un animal.

Il établit une relation harmonieuse entre le propriétaire, qui conserve les trois premières mises-bas, et le gardien, qui reçoit une juste compensation pour son travail continu.

Prévention des conflits

En fixant une règle claire, l'article réduit les risques de litige entre le propriétaire et le gardien. Chacun connaît à l'avance ses droits et obligations, ce qui favorise la stabilité sociale.

II. Parallèle avec le droit moderne

Contrats de partage des bénéfices

L'attribution de la quatrième mise-bas au gardien peut être comparée aux contrats modernes de métayage ou de partenariat agricole, où les profits sont partagés entre l'exploitant et le propriétaire.

Ce principe reflète une forme primitive mais efficace de rétribution basée sur la productivité.

Récompense proportionnelle au travail

L'idée d'une rémunération différée, comme la mise-bas d'un veau, est similaire à des systèmes modernes de bonus ou de primes pour les travailleurs qui investissent dans un projet sur le long terme.

Reconnaissance de droits spécifiques aux travailleurs ruraux

Cet article peut être rapproché des dispositions modernes qui protègent les droits des travailleurs ruraux ou des contractants, notamment en garantissant une part équitable des bénéfices liés à leur travail.

III. Portée sociale et économique

Encouragement à la responsabilité et à la fidélité

En offrant une récompense substantielle mais différée, cet article encourage le gardien à prendre soin de l'animal sur le long terme, réduisant ainsi les risques de négligence ou d'abus.

Redistribution des ressources

Ce principe favorise une redistribution modérée des richesses, permettant aux gardiens d'acquérir des ressources (comme des veaux) qu'ils n'auraient pas pu obtenir autrement.

Stimulation de l'économie locale

En permettant aux gardiens de devenir eux-mêmes propriétaires d'animaux, ce système contribue au développement économique des communautés rurales.

IV. Recommandations et adaptation au contexte moderne

Encadrement légal de la rétribution en milieu rural

Ce principe pourrait être intégré dans les systèmes juridiques modernes pour encadrer les relations contractuelles entre propriétaires et gardiens, en garantissant une juste rétribution pour le travail fourni.

Sensibilisation à l'équité dans les relations économiques

Il est important de préserver cette vision équitable des relations de travail tout en adaptant les modalités à des contextes contemporains, où des mécanismes formels comme les contrats écrits peuvent renforcer la sécurité juridique.

Protection des travailleurs ruraux

Les gouvernements et institutions locales devraient veiller à ce que les gardiens bénéficient d'une reconnaissance légale et de mécanismes de protection pour éviter les abus ou les malentendus.

Conclusion

L'Article 33, en attribuant la quatrième mise-bas d'une génisse confiée au gardien, illustre un principe de rétribution équitable et d'équilibre entre responsabilités et bénéfices. Ce principe, profondément enraciné dans les sociétés pastorales, reste pertinent pour promouvoir la justice et la solidarité dans les relations économiques. Pour une application contemporaine, il pourrait être intégré dans des cadres juridiques formels, tout en respectant l'esprit originel de cette règle coutumière.

Article 34 :

Un bovin doit être échangé contre quatre moutons ou quatre chèvres.

Commentaire de l'Article 34 : Un bovin doit être échangé contre quatre moutons ou quatre chèvres.

Introduction

L'Article 34 établit un ratio précis pour l'échange de biens entre espèces animales : un bovin contre quatre moutons ou quatre chèvres. Cette disposition reflète une tentative d'instaurer une équivalence économique dans une société fondée sur le troc et l'échange, où la monnaie n'avait pas encore un rôle central. Ce principe, bien qu'ancré dans un contexte coutumier, peut être analysé sous l'angle de la justice économique, de la régulation des marchés, et de son applicabilité dans un cadre contemporain.

I. Portée coutumière de l'article

Établissement d'une unité de valeur

L'article définit un standard d'échange basé sur la valeur relative des différentes espèces animales. Le bovin, considéré comme plus précieux, est évalué à quatre moutons ou chèvres.

Cette règle permet d'uniformiser les échanges et d'éviter des disputes sur la valeur relative des biens.

Contexte économique et social

Dans les sociétés pastorales et agraires, où le bétail constitue une richesse essentielle, cette disposition garantit une certaine équité dans les transactions.

Les animaux échangés jouent des rôles économiques variés : les bovins pour la traction et le lait, les chèvres et moutons pour la viande et leur rusticité.

Préservation de l'équité dans les échanges

En fixant un ratio précis, l'article évite les abus dans les transactions et contribue à la stabilité économique des communautés.

II. Parallèle avec le droit moderne

Équivalences dans les économies monétaires

En droit moderne, les transactions sont principalement basées sur la monnaie, qui remplace la nécessité d'un ratio fixe entre biens.

Cependant, les principes sous-jacents de cet article – établir une équité dans les échanges – restent pertinents dans la régulation des marchés.

Normes commerciales

Les systèmes modernes de commerce incluent des règles similaires pour fixer la valeur relative des biens, qu'il s'agisse de taux de change pour les devises ou de tarifs pour les produits.

L'article peut être vu comme une version simplifiée de ces mécanismes.

Encadrement des échanges coutumiers

Dans certaines zones rurales ou marginalisées, où le troc reste une pratique courante, cet article pourrait être utilisé comme une norme locale pour réguler les échanges.

III. Portée sociale et économique

Stabilité économique locale

Cet article contribue à stabiliser les relations économiques dans des sociétés où les échanges se font principalement entre individus ou familles.

Il évite les disparités importantes dans les transactions, préservant ainsi la justice économique.

Impact sur les relations sociales

En offrant un cadre clair pour les échanges, cet article favorise la confiance entre les membres de la communauté.

Une règle commune réduit les conflits liés aux malentendus ou aux désaccords sur la valeur des biens.

Adaptation à l'évolution économique

Si cet article est adapté à un système de troc, il peut avoir une pertinence limitée dans une économie moderne basée sur la monnaie. Cependant, il peut encore s'appliquer dans des contextes où les échanges directs persistent.

IV. Recommandations pour une application contemporaine

Reconnaissance des pratiques locales

Dans les zones rurales où le troc est encore pratiqué, cet article pourrait être formalisé pour encadrer les échanges et éviter les abus.

Les autorités locales pourraient utiliser des normes similaires pour promouvoir la transparence dans les transactions.

Adaptation aux systèmes modernes

Bien que cet article repose sur le troc, son esprit pourrait être adapté pour encourager des pratiques équitables dans les transactions économiques modernes, comme les prix planchers ou les échanges équitables.

Éducation économique

Les principes de l'article pourraient être intégrés dans des programmes d'éducation économique pour sensibiliser les communautés rurales à la notion de valeur relative des biens et aux mécanismes de marché.

Conclusion

L'Article 34, en fixant un ratio précis pour l'échange entre bovins et petits ruminants, reflète une tentative de régulation économique dans une société basée sur le troc. Bien que cette disposition soit étroitement liée à son contexte coutumier, ses principes de justice et d'équité dans les transactions restent pertinents. Pour une application contemporaine, cet article pourrait être adapté pour encadrer les pratiques commerciales dans des contextes ruraux ou marginalisés, tout en sensibilisant les communautés aux dynamiques des économies modernes.

Article 35 :

Un œuf sur quatre est la propriété du gardien de la poule pondeuse.

Commentaire de l'Article 35 : Un œuf sur quatre est la propriété du gardien de la poule pondeuse.

Introduction

L'Article 35 établit une règle selon laquelle un quart des œufs produits par une poule revient au gardien qui en prend soin. Cette disposition reflète un principe de partage équitable des bénéfices liés à la gestion des biens confiés, valorisant le travail et la responsabilité du gardien. Cet article, bien que lié à un contexte pastoral et rural, présente des similitudes intéressantes avec des concepts modernes de rétribution et de justice sociale.

I. Portée coutumière de l'article

Reconnaissance du travail du gardien

En attribuant un quart des œufs au gardien, cet article reconnaît sa contribution active à l'entretien des poules pondeuses.

Cette règle vise à encourager le gardien à bien s'occuper des animaux, en lui offrant une récompense proportionnelle à son effort.

Partage équitable des bénéfices

Le ratio de 1/4 reflète une répartition perçue comme juste dans le cadre coutumier, équilibrant les droits du propriétaire et ceux du gardien.

Cela instaure une relation harmonieuse et évite les conflits potentiels sur la répartition des fruits du travail.

Incitation à la responsabilité

Ce principe pousse le gardien à maximiser la production des œufs en prenant soin des poules, puisque son propre gain dépend de leur bonne santé et de leur rendement.

II. Parallèle avec le droit moderne

Rétribution proportionnelle

Ce principe s'apparente aux systèmes modernes de rémunération basés sur les performances ou les résultats (partage des profits, primes). En droit moderne, les contrats d'exploitation ou de gestion incluent souvent des clauses similaires, où une part des bénéfices revient à l'exploitant ou au gestionnaire.

Protection des droits des travailleurs ruraux

Cet article préfigure des concepts modernes de justice sociale, où les efforts des travailleurs, même non propriétaires, sont reconnus et récompensés.

Dans les systèmes juridiques modernes, cela pourrait correspondre à des contrats de travail ou de métayage, garantissant une part équitable des bénéfices.

Gestion collaborative des ressources

Le principe de partage des bénéfices reflète une gestion collaborative des ressources, où les responsabilités et les gains sont partagés. Cette vision est également promue dans des modèles modernes d'agriculture durable et solidaire.

III. Portée sociale et économique

Équité dans les relations économiques

Cet article garantit que les gardiens, souvent issus de couches sociales modestes, bénéficient de leur travail. Cela favorise une redistribution modérée des richesses. Il prévient les abus en s'assurant que les propriétaires ne monopolisent pas les bénéfices.

Encouragement à la coopération

La règle favorise la coopération entre les propriétaires et les gardiens, renforçant les liens sociaux et économiques au sein de la communauté.

Impact sur l'économie locale

En soutenant les gardiens par une récompense tangible, cet article contribue indirectement au développement économique local en favorisant une répartition des ressources.

IV. Recommandations et adaptation au contexte moderne

Formalisation des règles de partage

Dans des contextes contemporains, ce principe pourrait être formalisé dans des contrats ou des accords locaux, garantissant la sécurité juridique des deux parties.

Adaptation aux besoins actuels

Le ratio de 1/4 pourrait être ajusté selon les contextes et les conditions économiques, tout en maintenant l'équité de la répartition.

Sensibilisation à la justice sociale

L'idée sous-jacente de rétribution équitable pourrait être utilisée pour sensibiliser les communautés aux droits des travailleurs ruraux et à l'importance de valoriser leur contribution.

Conclusion

L'Article 35, en attribuant un œuf sur quatre au gardien de la poule pondeuse, incarne un principe de rétribution juste et d'équité dans la gestion des ressources confiées. Ce principe, bien que coutumier, reste pertinent dans les cadres économiques modernes, où la reconnaissance des efforts des travailleurs est essentielle. Pour garantir sa pertinence contemporaine, cette règle pourrait être intégrée dans des cadres juridiques formels, tout en préservant l'esprit de justice sociale qui la sous-tend.

L'Article 35, qui établit un partage équitable des bénéfices entre le propriétaire et le gardien, trouve son application moderne dans les **contrats de travail** et de **gestion**, où la rémunération est liée à la performance. Il se reflète également dans des **modèles agricoles collaboratifs** et des **coopératives**, garantissant une répartition équitable des ressources. Ce principe d'**équité** et de **justice sociale** peut être intégré dans les **politiques publiques** et les **systèmes économiques modernes** pour promouvoir une rémunération juste et l'inclusion des travailleurs ruraux.

Article 36 :

Assouvir sa faim n'est pas du vol si on n'emporte rien dans son sac ou sa poche.

Commentaire de l'Article 36 : Assouvir sa faim n'est pas du vol si on n'emporte rien dans son sac ou sa poche.

Introduction

L'Article 36 met en lumière un principe fondamental de justice et de compassion : la satisfaction d'un besoin vital, comme la faim, n'est pas considérée comme un vol tant qu'elle reste strictement limitée à ce besoin. Cet article reflète une philosophie de solidarité et d'humanité profondément ancrée dans les sociétés coutumières. Bien que lié à un contexte traditionnel, ce principe trouve des échos dans le droit moderne, notamment à travers la reconnaissance de l'état de nécessité.

I. Portée coutumière de l'article

La faim comme besoin vital prioritaire

Cet article reconnaît que la survie de l'individu prime sur les droits de propriété dans des cas extrêmes. Cette règle illustre une compassion communautaire, où la satisfaction des besoins fondamentaux d'un individu est vue comme un droit implicite.

Limitation des abus

La condition selon laquelle aucune ressource ne doit être emportée dans un sac ou une poche montre une volonté de limiter l'acte à la simple survie. Cela distingue le besoin vital d'un acte de vol intentionnel. Cette nuance vise à prévenir les abus tout en préservant l'intégrité des relations sociales et des propriétés individuelles.

Solidarité et responsabilité collective

En autorisant l'assouvissement de la faim, cet article encourage la communauté à répondre aux besoins de ses membres les plus vulnérables. Cette solidarité renforce les liens sociaux et réduit les tensions.

II. Parallèle avec le droit moderne

L'état de nécessité

En droit pénal moderne, l'état de nécessité est une cause d'exonération de responsabilité, justifiant certains actes normalement répréhensibles s'ils sont commis pour éviter un danger grave et imminent (par exemple, la faim).

Au Mali, l'Article 122-6 du Code pénal prévoit que l'état de nécessité peut écarter la responsabilité pénale si les actes accomplis sont proportionnés au danger.

Reconnaissance des droits sociaux

Les systèmes juridiques modernes intègrent également des mécanismes pour éviter que les individus soient contraints de voler pour survivre. Cela inclut des droits sociaux comme l'aide alimentaire, les allocations et les politiques publiques de lutte contre la pauvreté.

Différence avec le vol classique

L'article reflète une distinction fondamentale entre un acte de survie et un acte de délit ou de malveillance. Cette distinction est également reconnue dans de nombreux systèmes judiciaires modernes.

III. Portée sociale et économique

Préservation de la paix sociale

En légitimant l'assouvissement de la faim dans un cadre strict, cet article prévient les conflits entre les membres de la communauté et favorise l'harmonie sociale. Il réduit également le risque de marginalisation ou de stigmatisation des personnes en situation de pauvreté.

Promotion de la solidarité communautaire

Cet article invite implicitement les membres de la communauté à se montrer solidaires envers ceux qui souffrent de la faim, en partageant leurs ressources ou en aidant directement.

Encadrement moral des actes

La limitation imposée par l'article (ne pas emporter dans un sac ou une poche) reflète une régulation morale des comportements pour éviter les excès et préserver un équilibre entre besoin individuel et respect de la propriété.

IV. Recommandations pour une application contemporaine

Institutionnalisation de l'aide sociale

Les principes de cet article pourraient être traduits dans des politiques publiques modernes, comme des banques alimentaires ou des systèmes d'aide d'urgence pour les personnes en situation de précarité.

Éducation à la solidarité

Des campagnes de sensibilisation pourraient encourager les communautés à partager leurs ressources et à reconnaître le droit de chacun à la satisfaction de ses besoins vitaux.

Harmonisation avec le droit moderne

Bien que l'état de nécessité soit déjà reconnu dans de nombreux systèmes juridiques, cet article pourrait inspirer des réflexions sur la manière de protéger davantage les personnes vulnérables face aux nécessités de survie.

Conclusion

L'Article 36, en affirmant qu'assouvir sa faim n'est pas du vol tant que cela reste limité à un besoin vital immédiat, illustre une profonde humanité et un sens aigu de la justice sociale. Ce principe, bien qu'ancré dans un contexte coutumier, trouve des parallèles significatifs dans le droit moderne, notamment à travers la reconnaissance de l'état de nécessité et des droits sociaux fondamentaux. Son application contemporaine pourrait être renforcée par des mécanismes institutionnels et des politiques publiques visant à garantir que personne ne soit contraint de choisir entre la survie et la légalité.

III – DE LA PRESERVATION DE LA NATURE :

Commentaire du III – DE LA PRÉSERVATION DE LA NATURE : Articles 37 à 39 de la Charte de Kurukanfuga

Introduction

La section III de la Charte de Kurukanfuga est dédiée à la préservation de la nature, un aspect remarquable pour un texte historique. Ces articles montrent une conscience écologique avant-gardiste et une reconnaissance de l'importance de la nature pour le bien-être collectif. Ils visent à réguler les pratiques humaines pour préserver l'équilibre entre l'homme et son environnement, une préoccupation cruciale dans les contextes contemporains de dégradation écologique et de changement climatique.

I. Analyse des articles

Article 37 : Fakombè est désigné Chef des chasseurs. Il est chargé de préserver la brousse et ses habitants pour le bonheur de tous.

Portée coutumière et sociale

L'attribution d'un rôle officiel à Fakombè, Chef des chasseurs, souligne l'importance d'une gestion organisée des ressources naturelles.

Cet article reflète une vision holistique où la chasse et la conservation ne sont pas opposées mais complémentaires, visant à préserver les ressources pour les générations futures.

Responsabilité environnementale

Le Chef des chasseurs agit comme un régulateur des pratiques humaines, notamment en limitant la surexploitation de la faune et en interdisant les comportements destructeurs.

Cela montre une reconnaissance implicite du rôle des écosystèmes dans le maintien de l'équilibre social et économique.

Parallèle avec le droit moderne

En droit contemporain, des concepts similaires existent sous forme de gestion durable des ressources naturelles et de désignation d'autorités responsables (parcs nationaux, agences de conservation).

L'idée de confier cette responsabilité à une figure respectée dans la communauté reflète des approches participatives modernes en matière de gestion de l'environnement.

Article 38 : Avant de mettre le feu à la brousse, ne regardez pas à terre, levez la tête en direction de la cime des arbres.

Portée pratique et écologique

Cet article incarne une approche pragmatique de la prévention des incendies de brousse, en sensibilisant les acteurs aux conséquences de leurs actions sur les écosystèmes.

Le feu, bien qu'utilisé pour des pratiques agricoles (culture sur brûlis), est ici encadré pour limiter les dommages causés aux arbres, habitat crucial pour la biodiversité.

Préservation de la biodiversité

En attirant l'attention sur les arbres, l'article montre une conscience écologique avancée, reconnaissant l'importance des habitats naturels dans l'équilibre écologique.

Parallèle avec les réglementations modernes

Aujourd'hui, de nombreuses législations encadrent strictement les feux agricoles pour éviter la déforestation et les risques d'incendies incontrôlés. L'article 38 anticipe ces préoccupations contemporaines.

Article 39 : Les animaux domestiques doivent être attachés au moment des cultures et libérés après les récoltes. Le chien, le chat, le canard et la volaille ne sont pas soumis à cette mesure.

Protection des cultures agricoles

Cet article reflète une mesure pragmatique visant à protéger les champs cultivés des dégâts causés par les animaux domestiques.

L'exemption pour certains animaux (chien, chat, volaille) est probablement liée à leur moindre impact sur les cultures ou à leur utilité pour les foyers (protection, chasse aux nuisibles).

Gestion harmonieuse des interactions homme-nature

Cette règle montre une prise en compte de la coexistence entre les besoins humains (cultures agricoles) et les pratiques liées à l'élevage. Elle vise à prévenir les conflits intra-communautaires liés aux dégâts agricoles.

Lien avec le droit moderne

Des réglementations modernes existent pour limiter les dégâts des animaux domestiques sur les exploitations agricoles, souvent sous forme de lois locales ou de mécanismes de compensation.

II. Portée globale de la section III

Préservation des ressources pour les générations futures

Cette section reflète une gestion durable avant l'heure, avec une reconnaissance implicite que la nature doit être protégée pour assurer la pérennité des ressources et le bien-être collectif.

Sensibilisation communautaire

Les articles mettent en avant la responsabilité collective dans la préservation de la nature, encourageant chaque individu à agir de manière responsable pour protéger l'environnement.

Justice environnementale

En limitant les pratiques destructrices (chasse incontrôlée, feux de brousse) et en réglementant l'utilisation des ressources, cette section promeut une justice environnementale, où l'intérêt de la communauté prime sur celui des individus.

III. Pertinence contemporaine

Lutte contre la déforestation et la surexploitation

Les articles 37 et 38 sont particulièrement pertinents dans le contexte actuel de lutte contre la déforestation et les pratiques agricoles non durables en Afrique et ailleurs.

Intégration dans les politiques environnementales modernes

Ces principes pourraient être intégrés dans des cadres juridiques modernes pour promouvoir une gestion participative des ressources naturelles, en impliquant les communautés locales dans la conservation.

Encouragement aux pratiques agricoles durables

L'encadrement des feux de brousse et la gestion des animaux domestiques montrent l'importance d'une régulation écologique pour maintenir la productivité agricole sans nuire à l'environnement.

Conclusion

La section III de la Charte de Kurukanfuga, consacrée à la préservation de la nature, reflète une conscience écologique remarquable pour son époque. Ces articles mettent en avant des principes durables, tels que la régulation de la chasse, la protection des habitats naturels, et la gestion des interactions entre l'homme, les animaux et l'environnement. Ces règles, bien qu'ancrées dans un contexte traditionnel, trouvent une résonance forte dans les problématiques contemporaines de conservation et de durabilité. Elles démontrent l'importance de combiner des approches coutumières et modernes pour répondre aux défis environnementaux actuels.

Article 37 :

**Fakombè est désigné Chef des chasseurs.
Il est chargé de préserver la brousse et ses habitants pour le bonheur de tous.**

Commentaire de l'Article 37 : Fakombè est désigné Chef des chasseurs. Il est chargé de préserver la brousse et ses habitants pour le bonheur de tous.

Introduction

L'Article 37 attribue à Fakombè le rôle de Chef des chasseurs et lui confie la mission essentielle de préserver la brousse et ses habitants.[91] Cet article reflète une gestion coutumière des ressources naturelles et de la faune, où la chasse, activité économique et culturelle importante, est encadrée pour garantir la durabilité des ressources. Cette disposition met en lumière une approche de conservation avant l'heure, en établissant une responsabilité individuelle et communautaire dans la gestion de l'environnement.

I. Portée coutumière et sociale de l'article

Rôle du Chef des chasseurs

En désignant un Chef des chasseurs, la communauté attribue une autorité et une responsabilité spécifique pour encadrer les activités de chasse et protéger la brousse.

Fakombè agit en tant que régulateur, veillant à l'équilibre entre l'exploitation des ressources naturelles et leur préservation.

---

[91] UNESCO (2009) : Fiche patrimoine : « respect nature/évolution environnement » comme composante essentielle Charte. https://www.bbc.com/afrique/region-58876551
De nombreux auteurs académiques et doctrinales citent la Charte du Manden (Kurukan Fuga, 1236) comme source pionnière de droit écologique africain, en raison de sa section IV (art. 37-44) instituant protection brousse, régimes cynégétiques et interdictions déforestation. https://calenda.org/1104188

Préservation de la brousse et de ses habitants

La notion de "brousse" inclut non seulement la végétation, mais aussi les animaux qui y vivent. La mission confiée à Fakombè vise donc à préserver l'ensemble de l'écosystème.

En protégeant les "habitants de la brousse", cet article montre une reconnaissance explicite de l'interdépendance entre les humains et la nature.

Le bonheur collectif

La préservation de la brousse est liée au "bonheur de tous", ce qui montre que la durabilité environnementale est perçue comme une condition nécessaire au bien-être social et économique.

II. Parallèle avec le droit moderne

Régulation des activités de chasse

En droit moderne, des autorités similaires sont souvent désignées pour encadrer les activités de chasse, telles que les conservateurs de parcs ou les inspecteurs de la faune.

Ces régulations modernes visent également à prévenir la chasse excessive et à protéger les espèces menacées, comme c'est le cas dans cet article.

Conservation de la biodiversité

L'attribution d'une responsabilité explicite à Fakombè préfigure les approches modernes de gestion des écosystèmes. Les lois environnementales contemporaines, telles que celles établies dans les conventions sur la biodiversité, partagent cet objectif de préserver les habitats naturels.

Gestion participative et locale

Cet article valorise une gestion participative des ressources, confiée à une figure locale respectée. Cette approche est de plus en plus reconnue dans les politiques environnementales modernes, où les communautés locales jouent un rôle clé dans la conservation.

III. Portée sociale et écologique

Encadrement des pratiques de chasse

La désignation d'un Chef des chasseurs vise à éviter les excès, comme la chasse abusive ou la destruction inutile de la brousse. Cela garantit une utilisation rationnelle des ressources naturelles, favorisant leur durabilité pour les générations futures.

Protection des écosystèmes

En limitant les actions destructrices, cet article contribue à préserver la biodiversité, essentielle à la stabilité des écosystèmes locaux. Les chasseurs, sous la direction de Fakombè, deviennent des acteurs responsables, assurant que la chasse reste compatible avec la conservation.

Renforcement de la cohésion communautaire

La figure de Fakombè, en tant que Chef des chasseurs, joue également un rôle social en veillant à ce que les conflits liés à l'accès aux ressources naturelles soient évités ou résolus.

IV. Recommandations pour une application contemporaine

Institutionnalisation de la gestion locale des ressources

Le principe de confier la gestion de la brousse à une autorité locale peut être intégré dans les politiques modernes, par exemple en soutenant les structures de gestion communautaire des forêts et des réserves naturelles.

Formation et sensibilisation des chasseurs

Pour préserver efficacement la brousse, il serait utile de former les chasseurs aux techniques de conservation et à l'importance de la biodiversité, tout en valorisant les savoirs traditionnels.

Intégration des objectifs de développement durable (ODD)

Cet article pourrait être lié aux ODD, en particulier les objectifs liés à la vie terrestre (ODD 15) et à la lutte contre le changement climatique (ODD 13), pour renforcer son rôle dans les politiques environnementales globales.

Conclusion

L'Article 37, en désignant Fakombè comme Chef des chasseurs chargé de préserver la brousse et ses habitants, illustre une prise de conscience précoce de l'importance de la conservation et de la gestion durable des ressources naturelles. Ce principe coutumier, qui équilibre exploitation et préservation, reste pertinent aujourd'hui face aux défis environnementaux mondiaux. Une adaptation de ce modèle dans un cadre juridique moderne pourrait renforcer la participation communautaire et garantir une gestion plus durable des écosystèmes.

Article 38 :

Avant de mettre le feu à la brousse, ne regardez pas à terre, levez la tête en direction de la cime des arbres.

Commentaire de l'Article 38 : Avant de mettre le feu à la brousse, ne regardez pas à terre, levez la tête en direction de la cime des arbres.

Introduction

L'Article 38 de la Charte de Kurukanfuga traite de la pratique du feu dans la gestion de la brousse, en attirant l'attention sur l'impact environnemental des incendies. En conseillant de "lever la tête en direction de la cime des arbres", cet article invite implicitement à prendre en compte les conséquences des feux de brousse sur la faune, la flore, et les écosystèmes. Ce principe illustre une conscience écologique avant-gardiste dans une société coutumière.

I. Analyse coutumière et symbolique de l'article

Régulation des feux de brousse

Les feux de brousse, utilisés traditionnellement pour des pratiques agricoles comme le défrichement ou le renouvellement des pâturages, présentent un risque élevé de dégradation environnementale lorsqu'ils ne sont pas contrôlés. L'article cherche à limiter ces risques en appelant à la prudence et à une réflexion préalable avant d'allumer un feu.

Sensibilisation à la biodiversité

"Levez la tête en direction de la cime des arbres" signifie qu'il faut tenir compte de l'environnement global, notamment des arbres, qui abritent de nombreuses espèces animales et végétales.

Cela met en avant une responsabilité de préserver les habitats naturels essentiels à la biodiversité.

Une règle symbolique et pratique

Au-delà de la simple prévention, cet article incarne un message symbolique : prendre conscience de l'impact à long terme des actes humains sur la nature. Il reflète une philosophie d'harmonie entre l'homme et son environnement.

II. Parallèle avec le droit moderne

Encadrement des incendies agricoles

Les législations modernes, comme celles sur les feux contrôlés, s'efforcent également de réguler l'utilisation du feu dans les zones rurales pour éviter la déforestation, les incendies incontrôlés, et la perte de biodiversité.

Par exemple, des permis sont souvent exigés pour allumer des feux, avec des règles strictes concernant les périodes et les conditions météorologiques.

Protection des forêts et de la biodiversité

Les lois environnementales contemporaines, telles que celles inscrites dans les conventions sur la biodiversité, promeuvent la protection des forêts et des écosystèmes. L'idée exprimée dans cet article préfigure ces préoccupations modernes.

Responsabilité écologique

Le concept de "regarder la cime des arbres" peut être interprété comme une invitation à intégrer une responsabilité écologique dans les pratiques humaines, similaire aux principes modernes de développement durable.

III. Portée écologique et sociale

Préservation des écosystèmes

En incitant à la prudence, cet article contribue à préserver les arbres, qui jouent un rôle clé dans la régulation du climat, la production d'oxygène, et l'hébergement de nombreuses espèces.

Les feux incontrôlés peuvent provoquer une perte irréversible d'écosystèmes critiques, et cet article agit comme un garde-fou contre de tels dégâts.

Réduction des risques pour les communautés

Les incendies de brousse incontrôlés peuvent causer des dégâts aux habitations, aux cultures, et aux ressources vitales. En régulant leur utilisation, cet article protège également les populations humaines.

Sensibilisation à une gestion responsable des ressources

En valorisant la prudence et la réflexion, cet article incite à une gestion rationnelle et durable des ressources naturelles, assurant leur disponibilité pour les générations futures.

IV. Recommandations pour une application contemporaine

Intégration dans les politiques environnementales modernes

Cet article pourrait inspirer des réglementations locales sur l'utilisation du feu en milieu rural, avec un accent sur l'éducation et la sensibilisation des agriculteurs aux impacts des incendies sur les écosystèmes.

Mise en place de systèmes de contrôle et de surveillance

Les communautés pourraient être encouragées à adopter des pratiques modernes de gestion des incendies, comme les feux contrôlés, tout en préservant les principes coutumiers de respect de la nature.

Promotion de pratiques agricoles alternatives

Des programmes de sensibilisation pourraient promouvoir des alternatives au brûlis, comme l'agroforesterie ou la gestion intégrée des cultures, pour réduire la dépendance au feu dans les pratiques agricoles.

Conclusion

L'Article 38, en appelant à lever les yeux vers la cime des arbres avant d'allumer un feu, illustre une vision responsable et prévoyante de la gestion des ressources naturelles. Ce principe coutumier, empreint de sagesse écologique, reste pertinent dans les contextes contemporains de lutte contre la déforestation et les incendies incontrôlés. En l'intégrant dans des cadres modernes, il peut servir de base pour promouvoir une gestion durable des feux agricoles et une meilleure protection des écosystèmes, tout en respectant les savoirs traditionnels.

Article 39 :

Les animaux domestiques doivent être attachés au moment des cultures et libérés après les récoltes. Le chien, le chat, le canard et la volaille ne sont pas soumis à cette mesure.

Commentaire de l'Article 39 : Les animaux domestiques doivent être attachés au moment des cultures et libérés après les récoltes. Le chien, le chat, le canard et la volaille ne sont pas soumis à cette mesure.

Introduction

L'Article 39 de la Charte de Kurukanfuga traite de la régulation des animaux domestiques pendant les périodes agricoles. En imposant l'attache des animaux durant les cultures et leur libération après les récoltes, il vise à protéger les champs cultivés tout en permettant une coexistence harmonieuse entre l'agriculture et l'élevage. L'exemption pour certains animaux met en lumière leur utilité spécifique et leur impact limité sur les cultures. Ce principe coutumier illustre une gestion réfléchie des ressources et des activités humaines.

I. Analyse coutumière et pratique de l'article

Protection des cultures

L'article cherche à protéger les cultures des dommages causés par les animaux domestiques (bovins, chèvres, moutons, etc.), qui pourraient piétiner ou consommer les plantations.

Cette mesure garantit une meilleure production agricole, essentielle à la sécurité alimentaire de la communauté.

Régulation des interactions agriculture-élevage

L'attache temporaire des animaux représente une tentative d'équilibrer les besoins des agriculteurs et des éleveurs, deux activités souvent complémentaires mais parfois conflictuelles dans les sociétés traditionnelles.

La libération des animaux après les récoltes leur permet de pâturer librement sans nuire aux cultures.

Exemption pour certains animaux

Le chien, le chat, la volaille et le canard ne sont pas soumis à cette règle, probablement en raison de leur impact limité sur les cultures ou de leur utilité pour les foyers (protection contre les nuisibles, alimentation, etc.).

Cette distinction montre une compréhension fine des rôles et comportements spécifiques de chaque animal.

II. Parallèle avec le droit moderne

Protection des cultures et réglementation

Dans le droit moderne, des lois locales ou régionales encadrent également les interactions entre animaux et cultures. Par exemple, des réglementations imposent parfois des clôtures ou des zones spécifiques pour le pâturage.

Ces mesures visent à protéger les terres agricoles tout en permettant l'exploitation raisonnée des ressources pastorales.

Responsabilité des propriétaires d'animaux

En droit contemporain, les propriétaires d'animaux sont généralement tenus responsables des dégâts causés par ceux-ci. Cette responsabilité reflète l'idée exprimée dans l'article, où l'attache des animaux prévient les dommages.

Gestion durable des ressources

Le principe d'attacher les animaux pendant les cultures correspond aux pratiques modernes de gestion intégrée des ressources agricoles, favorisant une cohabitation harmonieuse entre différents types d'activités.

III. Portée sociale et écologique

Cohésion sociale

En fixant une règle claire, cet article réduit les tensions potentielles entre agriculteurs et éleveurs, favorisant ainsi la paix sociale dans des contextes où les ressources sont partagées.

La libération des animaux après les récoltes montre une compréhension des besoins des éleveurs, renforçant l'équité entre les acteurs.

Préservation des écosystèmes

La gestion temporaire des animaux domestiques contribue à limiter la dégradation des sols et la perte de biodiversité causées par le surpâturage ou les comportements destructeurs. Après les récoltes, les animaux peuvent jouer un rôle positif en enrichissant les sols par leurs déjections.

Promotion de l'autonomie communautaire

Cette règle encourage les communautés à gérer leurs ressources de manière autonome, en tenant compte des cycles agricoles et des besoins pastoraux.

IV. Recommandations pour une application contemporaine

Encadrement des pratiques rurales

Cet article pourrait inspirer des réglementations modernes visant à encadrer les interactions entre l'agriculture et l'élevage, notamment dans les zones rurales où ces deux activités coexistent.

La mise en place de zones de pâturage ou de périodes de restriction pourrait compléter ces mesures.

Sensibilisation et éducation des communautés

Les communautés locales pourraient être formées à des pratiques durables, intégrant l'esprit de cet article, pour maximiser les bénéfices agricoles et pastoraux tout en minimisant les conflits.

Adaptation aux contextes modernes

Des outils modernes, comme les clôtures mobiles ou les technologies de suivi des animaux (colliers GPS), pourraient être intégrés pour améliorer la gestion des interactions entre animaux et cultures.

Conclusion

L'Article 39, en imposant l'attache des animaux domestiques pendant les cultures et leur libération après les récoltes, reflète une approche réfléchie de la gestion des ressources naturelles et des interactions entre l'agriculture et l'élevage. Ce principe coutumier, empreint de pragmatisme et de justice sociale, reste pertinent dans les contextes contemporains où ces activités coexistent. Pour une mise en œuvre moderne, il pourrait être adapté à des cadres juridiques formels et renforcé par des outils technologiques et des politiques de sensibilisation.

Article 40 :

Respectez la parenté, le mariage et le voisinage.

Commentaire de l'Article 40 : Respectez la parenté, le mariage et le voisinage.

Introduction

L'Article 40 de la Charte de Kurukanfuga met en avant trois piliers fondamentaux de la vie sociale : la parenté, le mariage, et le voisinage.[92] Ces relations sont essentielles pour maintenir l'harmonie et la cohésion sociale au sein d'une communauté. Cet article reflète une vision coutumière fondée sur le respect mutuel et la solidarité, des valeurs qui restent pertinentes dans les sociétés contemporaines.

I. Analyse des trois aspects clés de l'article

1. La parenté

Portée coutumière :

La parenté est perçue comme un lien fondamental dans les sociétés traditionnelles africaines. Elle dépasse les liens de sang pour inclure des relations élargies (clans, alliances matrimoniales). Respecter la parenté, c'est préserver l'unité familiale, honorer les ancêtres et cultiver la solidarité intergénérationnelle.

Importance sociale :

Le respect de la parenté garantit une entraide mutuelle entre membres de la même famille. Cela inclut la transmission des valeurs culturelles, l'éducation des enfants, et le soutien en cas de besoin.

---

[92] La parenté (badenya) engage obligations réciproques intergénérationnelles, sanankunya (art. 7) et succession patrilinéaire (art. 12) assurant transmission harmonieuse ; violation entraîne exclusion rituelle.

Lien avec le droit moderne :

En droit contemporain, les droits et devoirs au sein de la parenté sont encadrés par les législations sur la famille, incluant des obligations légales de soutien entre parents et enfants.

2. Le mariage

Portée coutumière :

Le mariage est une institution sociale clé dans de nombreuses cultures africaines. [93] Il scelle des alliances entre familles et clans, consolidant ainsi la cohésion communautaire. Le respect du mariage inclut la fidélité, la stabilité conjugale et l'engagement dans l'éducation des enfants.

Importance sociale :

Le mariage est non seulement une union individuelle, mais aussi un lien collectif qui engage les familles élargies. Le respect du mariage garantit la paix sociale et prévient les conflits liés à l'adultère ou à la polygamie mal gérée.

Lien avec le droit moderne :

En droit contemporain, le mariage est protégé par des règles précises, garantissant des droits égaux aux deux conjoints. Des principes comme la fidélité et l'entraide conjugale sont également codifiés dans les législations modernes.

3. Le voisinage

Portée coutumière :

Dans les sociétés traditionnelles, le voisinage repose sur des principes de coopération et de respect mutuel. Les

---

[93] Dans sociétés mandingues/Yoruba/Ashanti/Zoulou, mariage transcende union individuelle pour lier familles/clans, assurant procréation, transmission lignagère et alliances politiques ; Charte fixe dot (art. 29 : 3 bovins), puberté fille (art. 27), âge garçon 20 ans (art. 28). Pluralisme coutumier (CPF Mali, art. 283) perpétue rôle médiateur social.

voisins jouent un rôle clé dans l'entraide quotidienne, les travaux communautaires et la gestion des conflits locaux.

Importance sociale :

Le respect du voisinage contribue à éviter les conflits territoriaux, les querelles et les rivalités inutiles. Il garantit une coexistence pacifique et une solidarité dans les moments de besoin (fêtes, décès, catastrophes).

Lien avec le droit moderne :

Le droit moderne encadre les relations de voisinage à travers des règles sur les limites des propriétés, les nuisances sonores, et les conflits territoriaux. Ces législations visent à préserver la paix entre voisins.

II. Portée générale de l'article

Cohésion sociale et paix communautaire

En mettant l'accent sur ces trois relations fondamentales, l'article promeut une société harmonieuse où chacun joue son rôle pour renforcer la solidarité collective.

Prévention des conflits

Le respect des liens familiaux, des engagements matrimoniaux, et des relations de voisinage limite les conflits potentiels qui pourraient fragiliser la communauté.

Transmission des valeurs

Cet article assure la pérennité des valeurs culturelles, notamment le respect, la solidarité, et la dignité humaine, en plaçant ces relations au cœur de la vie sociale.

III. Pertinence contemporaine

Valeurs universelles et modernes

Les principes de respect de la famille, du mariage et du voisinage sont des valeurs universelles qui transcendent les époques et les cultures. En les adaptant aux réalités contemporaines, ils restent essentiels pour construire des sociétés inclusives et pacifiques.

Régulation juridique moderne

Les législations modernes protègent ces relations, mais cet article offre une dimension morale et coutumière qui complète le cadre légal en mettant l'accent sur la responsabilité sociale.

Dialogue entre tradition et modernité

En combinant les enseignements coutumiers et les normes modernes, cet article peut inspirer des approches équilibrées pour promouvoir la cohésion sociale dans des contextes multiculturels et globalisés.

IV. Recommandations

Éducation et sensibilisation

Des programmes éducatifs pourraient intégrer les valeurs de cet article pour renforcer la compréhension de l'importance des liens familiaux, matrimoniaux, et communautaires.

Médiation et résolution des conflits

Cet article pourrait inspirer des mécanismes de médiation communautaire pour résoudre les conflits liés à la famille, au mariage ou au voisinage.

Intégration dans les politiques publiques

Les principes de cet article pourraient être intégrés dans des politiques publiques visant à promouvoir la solidarité sociale et à réduire les tensions au sein des communautés.

Conclusion

L'Article 40, en appelant au respect de la parenté, du mariage et du voisinage, pose les bases d'une société harmonieuse et solidaire. Il valorise des relations fondamentales qui garantissent la stabilité sociale et la transmission des valeurs. Ce principe coutumier, bien qu'ancré dans un contexte traditionnel, conserve une pertinence contemporaine et peut inspirer des approches modernes pour renforcer la cohésion et la paix sociale.

Article 41 :

Tuez votre ennemi, ne l'humiliez pas.

Commentaire de l'Article 41 : Tuez votre ennemi, ne l'humiliez pas.

Introduction

L'Article 41 de la Charte de Kurukanfuga, "Tuez votre ennemi, ne l'humiliez pas", exprime une règle paradoxale à première vue : il semble justifier la violence, tout en condamnant l'humiliation. Cet article reflète une vision coutumière où la dignité humaine est valorisée, même dans le contexte de conflits. Il illustre une éthique de la guerre et du traitement des adversaires, ancrée dans des valeurs de respect et de justice. Ce principe, bien qu'issu d'un contexte historique, trouve des échos dans les règles contemporaines du droit international humanitaire.

I. Analyse coutumière de l'article

Respect de la dignité humaine

En condamnant l'humiliation, cet article valorise la dignité humaine, même pour l'ennemi. Cela reflète une conception où l'honneur, individuel ou collectif, doit être préservé.

La mort de l'ennemi peut être perçue comme une conséquence inévitable dans un conflit, mais l'humiliation est considérée comme une atteinte durable à sa dignité.

Éviter la vengeance prolongée

L'humiliation peut attiser des sentiments de haine ou de vengeance, perpétuant les conflits entre les parties concernées. En interdisant cette pratique, l'article vise à limiter les représailles et à maintenir un certain équilibre social.

Éthique dans les conflits

Cet article impose une forme de moralité dans les affrontements : il interdit les actes de barbarie, comme les mutilations ou les traitements dégradants, qui visent à déshonorer l'adversaire.

II. Parallèle avec le droit moderne

Le droit international humanitaire

Les conventions internationales, telles que les Conventions de Genève, interdisent explicitement les traitements cruels, inhumains ou dégradants envers les ennemis, qu'ils soient vivants ou capturés. Même en temps de guerre, les prisonniers de guerre et les adversaires doivent être traités avec humanité, une règle qui reflète l'esprit de cet article.

Respect de l'intégrité et de la dignité

En droit moderne, l'humiliation publique est condamnée comme une atteinte aux droits fondamentaux. Par exemple, en droit pénal, les traitements inhumains ou dégradants sont punis. Cet article anticipe donc des principes juridiques modernes, bien que formulés dans un contexte coutumier.

Distinction entre légitime défense et représailles

En droit contemporain, la légitime défense justifie des actes de violence pour protéger une vie ou des intérêts vitaux, mais ces actes doivent être proportionnés. L'humiliation, qui dépasse la nécessité, est vue comme un abus de pouvoir.

III. Portée sociale et éthique

Préservation de l'honneur individuel et collectif

En interdisant l'humiliation, cet article contribue à préserver l'honneur de l'individu et, par extension, de sa famille ou de son clan.

Cela favorise la réconciliation après les conflits en limitant les rancunes durables.

Encadrement des conflits communautaires

Cette règle impose des limites même dans des contextes de guerre ou de vendetta, évitant ainsi une escalade incontrôlée des violences.

Promotion de valeurs humaines dans les affrontements

L'article introduit une dimension éthique dans les conflits, en insistant sur le respect de l'adversaire comme être humain.

IV. Recommandations pour une application contemporaine

Sensibilisation aux droits humains

Cet article pourrait inspirer des programmes éducatifs dans les communautés locales pour promouvoir les principes du droit humanitaire et des droits de l'homme.

Encadrement des conflits locaux

Dans les régions où les conflits intercommunautaires subsistent, ce principe peut servir de base pour des mécanismes de médiation et de résolution pacifique des différends.

Intégration dans les politiques de justice transitionnelle

Cet article peut être intégré dans des approches modernes de justice transitionnelle, en insistant sur le respect de la dignité humaine même dans des situations de conflit.

Conclusion

L'Article 41, en interdisant l'humiliation de l'ennemi tout en tolérant sa mise à mort, reflète une conception coutumière de la justice et de l'éthique des conflits. Bien qu'il soit ancré dans un contexte historique, il trouve des échos dans les principes modernes du droit international humanitaire et des droits humains. Ce principe illustre l'importance de préserver la dignité humaine, même dans les moments de violence, et reste une leçon précieuse pour les sociétés contemporaines confrontées à des conflits.

Article 42 :

Dans les grandes assemblées, contentez-vous de vos légitimes représentants et tolérez-vous les uns les autres.

Commentaire de l'Article 42 : Dans les grandes assemblées, contentez-vous de vos légitimes représentants et tolérez-vous les uns les autres.

Introduction

L'Article 42 de la Charte de Kurukanfuga établit deux principes fondamentaux pour garantir l'efficacité et l'harmonie dans les grandes assemblées : le respect de la représentation légitime et la tolérance mutuelle. Cet article reflète une organisation sociale structurée, où la participation collective est encadrée par des règles destinées à promouvoir la gouvernance, l'équité, et la paix sociale. Il résonne également avec des principes contemporains de démocratie et de gestion des différends dans les prises de décision collectives.

I. Analyse des principes fondamentaux de l'article

1. Le respect des légitimes représentants

Portée coutumière :

Dans les sociétés traditionnelles, les grandes assemblées, souvent rassemblées pour des décisions majeures, nécessitent un cadre structuré pour éviter le chaos et garantir une participation équitable. Les représentants légitimes, généralement choisis pour leur sagesse, leur compétence ou leur rang, agissent au nom de leur communauté ou groupe familial.

Importance sociale :

En limitant la participation directe à des représentants, cet article réduit les risques de désordre tout en garantissant que toutes les voix soient entendues à travers leurs délégués.

Parallèle avec la démocratie moderne :

Ce principe s'aligne sur les pratiques de représentation dans les systèmes démocratiques modernes, où les citoyens élisent des représentants pour parler et décider en leur nom.

2. Tolérance mutuelle dans les assemblées

Portée sociale et morale :

La tolérance mutuelle est essentielle pour éviter les conflits dans des assemblées rassemblant des individus ou des groupes aux intérêts potentiellement divergents. Cet article invite à une attitude de respect et de compréhension pour parvenir à des décisions consensuelles.

Gestion des différends :

En appelant à la tolérance, l'article établit une base pour la résolution pacifique des désaccords et la promotion de l'unité.

Parallèle avec la gestion des conflits modernes :

Dans les assemblées modernes, des mécanismes tels que la médiation et le consensus sont souvent utilisés pour favoriser la tolérance et éviter les divisions.

II. Portée sociale et politique de l'article

Renforcement de la cohésion communautaire

En demandant aux participants de se contenter de leurs représentants, l'article vise à éviter les divisions internes et à garantir une unité dans la diversité des opinions.

La tolérance mutuelle renforce les liens sociaux et favorise un climat de respect entre les différentes parties.

Efficacité des prises de décision

En réduisant le nombre de participants directs et en instaurant une représentation légitime, cet article garantit des débats plus ordonnés et des décisions plus efficaces. Les représentants, en tant que médiateurs, facilitent la synthèse des points de vue et la recherche de solutions équilibrées.

Prévention des conflits

La tolérance mutuelle est un mécanisme préventif pour éviter les confrontations dans des assemblées où les intérêts et les priorités peuvent être divergents.

En instaurant des règles claires pour la participation, l'article réduit le risque de chaos ou de querelles inutiles.

III. Parallèle avec les systèmes modernes

La démocratie représentative

Le principe des "légitimes représentants" est au cœur des démocraties modernes, où les citoyens élisent des représentants pour défendre leurs intérêts au sein des parlements ou autres instances décisionnelles.

Tolérance et dialogue

Les assemblées modernes, qu'elles soient parlementaires, communautaires ou internationales, mettent également en avant la tolérance et le respect des différences pour parvenir à des décisions consensuelles.

Des mécanismes comme la médiation, la négociation ou la gestion des conflits renforcent cet esprit.

Importance de la légitimité des représentants

En droit moderne, la légitimité des représentants est garantie par des processus transparents, comme les élections ou les nominations officielles. Cela renforce la confiance des citoyens dans les décisions prises en leur nom.

IV. Pertinence contemporaine

Gestion des assemblées communautaires

Dans des contextes modernes, notamment en Afrique, cet article peut inspirer des approches pour structurer les assemblées communautaires, en assurant une représentation équitable et en encourageant la tolérance.

Dialogue intercommunautaire

Cet article pourrait servir de base pour organiser des dialogues intercommunautaires ou interculturels, où la tolérance mutuelle est essentielle pour surmonter les divisions.

Enrichissement des pratiques démocratiques

Bien que les démocraties modernes soient structurées, l'intégration d'une dimension morale comme la tolérance mutuelle pourrait enrichir les débats politiques et renforcer l'unité nationale.

V. Recommandations

Formation des représentants

Des formations pourraient être proposées pour renforcer les compétences des représentants, notamment en médiation, en négociation et en leadership.

Promotion de la tolérance

Les assemblées pourraient intégrer des activités de sensibilisation pour encourager les participants à adopter des attitudes tolérantes et constructives.

Formalisation des règles d'assemblée

Les communautés ou organisations locales pourraient s'inspirer de cet article pour formaliser des règles de conduite dans les assemblées, favorisant ainsi un climat de respect et de productivité.

Conclusion

L'Article 42, en insistant sur le respect des représentants légitimes et la tolérance mutuelle, pose les bases d'une organisation structurée et harmonieuse des assemblées. Ce principe coutumier, bien qu'ancien, reste d'une pertinence incontestable dans les sociétés contemporaines, où il peut enrichir les pratiques démocratiques et les mécanismes de résolution des conflits. En promouvant la représentation et le dialogue, il contribue à renforcer la cohésion sociale et la paix.

IV. DISPOSITIONS FINALES

Introduction

Les dispositions finales des articles 43 et 44 visent à établir des règles d'ordre interne spécifiques à un groupe ou une institution, en l'occurrence ici, un groupe de traditions ou un système de gouvernance d'une communauté mandée. Ces articles soulignent non seulement des attributions et des privilèges particuliers, mais également l'importance du respect de certaines règles de conduite au sein de cette organisation, avec des sanctions en cas de non-respect.

Article 43 : Désignation du grand chef des cérémonies et médiateur principal

L'article 43 désigne **Balla Fassèkè KOUYATE** comme étant le grand chef des cérémonies et médiateur principal du mandéen. Cette désignation est à la fois un acte d'autorité et une reconnaissance de l'importance de cette fonction. Il est autorisé à plaisanter avec toutes les tribus, et en priorité avec la famille royale. Ce privilège fait référence à une fonction sociale spécifique dans le cadre des relations intercommunautaires et entre les différentes strates de pouvoir au sein de la société.

Analyse juridique et sociale

- **Le rôle du médiateur principal** : En tant que médiateur principal, Balla Fassèkè KOUYATE semble être une figure clé de la gestion des relations entre les différentes composantes de la société mandéenne. Sa fonction vise à maintenir la cohésion sociale en résolvant les conflits et en gérant les tensions qui peuvent surgir au sein de la communauté. Le rôle de médiateur dans les systèmes traditionnels est souvent perçu comme celui d'un garant de la paix sociale et de l'équité entre les groupes sociaux.

- **Le droit de plaisanter** : Cette autorisation à plaisanter avec toutes les tribus, en particulier avec la famille royale, possède une forte valeur symbolique et pratique. Dans de nombreuses sociétés traditionnelles, le pouvoir du médiateur s'exerce non seulement par la diplomatie formelle, mais aussi par des moyens informels, tels que l'humour. L'humour devient un instrument de régulation des rapports sociaux, permettant de détendre les tensions, tout en garantissant une distance respectueuse, surtout avec les entités royales.

• **Prérogatives et limites de l'autorité** : Bien que cette fonction confère une certaine autorité et des privilèges particuliers, elle n'implique pas une autorité politique ou administrative directe sur les tribus ou la royauté. Il s'agit plutôt d'un rôle symbolique, qui dépend de la reconnaissance et du respect des acteurs sociaux. Il est donc important de noter que ce rôle n'est pas absolu et demeure dans le cadre de la gestion sociale et cérémonielle.

Article 44 : Sanctions en cas d'infraction

L'article 44 énonce clairement que ceux qui enfreindront les règles énoncées seront punis, et qu'il appartient à chacun de veiller à leur application sur l'ensemble du territoire impérial. Ce passage introduit une dimension de responsabilité collective dans l'application des normes.

Analyse juridique

• **Principe de la sanction** : L'idée de sanctionner ceux qui enfreignent les règles est un élément fondamental du droit, qu'il soit formel ou informel. L'énoncé des sanctions, bien que non détaillé ici, a pour but de garantir l'ordre et la stabilité au sein de la société mandéenne. En l'absence d'un système judiciaire formel, l'application de sanctions par la communauté elle-même peut être vue comme une manière de maintenir l'intégrité des traditions et de renforcer le sentiment de solidarité entre les membres.

• **Responsabilité collective** : Le passage "chacun est chargé de veiller à leur application" souligne la responsabilité collective de la communauté dans le respect des règles établies. Cela peut être perçu comme un moyen de renforcer la cohésion sociale, en donnant à chaque membre un rôle actif dans l'application de la loi. C'est un mécanisme de gouvernance communautaire qui repose sur l'implication et la vigilance des individus au sein de la société. Ce principe renforce l'idée d'une justice participative, où la communauté joue un rôle central dans l'administration des normes.

- **Application sur l'ensemble du territoire impérial** : L'article 44 mentionne explicitement que l'application de ces règles concerne "l'ensemble du territoire impérial". Ce qui implique que ces règles ne sont pas limitées à une seule zone géographique ou une seule classe sociale, mais doivent être respectées de manière uniforme dans tout l'empire. Cette approche indique une volonté d'unification des pratiques et des valeurs à travers tout le territoire.

Conclusion

Les articles 43 et 44 s'inscrivent dans une logique de gouvernance traditionnelle où l'équilibre entre pouvoir, responsabilité et respect des règles sociales est fondamental. L'attribution de pouvoirs spécifiques à un médiateur principal, notamment le droit de plaisanter avec les tribus et la famille royale, souligne l'importance de l'humour et de la diplomatie dans la gestion des relations sociales. D'autre part, la responsabilité collective dans l'application des règles et les sanctions prévues en cas de non-respect illustrent une forme de justice communautaire où chaque membre est à la fois acteur et garant de l'ordre social. Ces principes, bien que spécifiques à la culture mandéenne, résonnent avec des notions modernes de régulation sociale et de gouvernance participative.

Article 43 :

Balla Fassèkè KOUYATE est désigné grand Chef des cérémonies et médiateur principal du mandé. Il est autorisé à plaisanter avec toutes les tribus en priorité avec la famille royale.

Introduction

L'article 43 énonce la désignation de **Balla Fassèkè KOUYATE** comme **grand chef des cérémonies et médiateur principal du Mandé**, avec un privilège particulier : celui de pouvoir plaisanter avec toutes les tribus, en priorité avec la famille royale.[94] Cette disposition revêt un caractère à la fois symbolique et fonctionnel dans le cadre des règles de gouvernance et des pratiques sociales de la communauté mandéenne. L'analyse de cet article, à travers une perspective juridique, nous permettra de comprendre non seulement les prérogatives attachées à cette fonction, mais également les implications sociales et politiques de ce rôle.

1. La désignation du médiateur principal et grand chef des cérémonies

La fonction de **médiateur principal** et de **grand chef des cérémonies** attribuée à Balla Fassèkè KOUYATE est une désignation de haute importance dans le système de gouvernance traditionnel mandéen.[95] Elle repose sur une forte dimension symbolique et cérémonielle. Dans de nombreuses sociétés traditionnelles, la médiation est une fonction cruciale, visant à maintenir l'équilibre social, résoudre les conflits et garantir l'harmonie au sein de la communauté.

---

[94] Youssouf Tata Cissé & Wa Kamissoko, *La Grande Geste du Mali. Des origines à la fondation de l'empire*, Paris, Karthala, 2007 (rééd.), t. 1, pp. 250-280 (

[95] Yaya Traoré, « La Charte de Kurukan Fuga vue à travers une lecture laïque », *Revue ASTR-GHANA*,2025, pp. 262-263 :

• **Médiation et rôle social** : Le médiateur principal est un garant de la paix sociale, un acteur central dans la gestion des relations entre les différentes tribus et institutions de la société. En confiant cette responsabilité à Balla Fassèkè KOUYATE, l'article 43 attribue à cette personne un rôle essentiel dans la résolution des différends et dans la gestion des relations intercommunautaires. Cette fonction n'est pas seulement un rôle formel, mais elle engage une autorité morale et pratique dans la gestion des tensions sociales.

• **Rôle cérémoniel** : En plus de la médiation, ce rôle implique également des responsabilités dans le cadre des **cérémonies**. Dans les sociétés traditionnelles, les cérémonies jouent un rôle fondamental dans la vie collective, en renforçant les liens sociaux et en affirmant l'identité culturelle. Le grand chef des cérémonies assure ainsi la régularité, la pertinence et le respect des traditions cérémonielles, veillant à ce qu'elles se déroulent dans le respect des coutumes et des normes établies.

2. L'autorisation à plaisanter avec toutes les tribus, en priorité avec la famille royale

L'article 43 confère à Balla Fassèkè KOUYATE le **privilège de plaisanter** avec toutes les tribus, avec une priorité accordée à la famille royale.[96] Ce droit de plaisanter, loin d'être anodin, a une portée symbolique et fonctionnelle considérable.

• **Le privilège de l'humour comme outil de médiation** : Dans de nombreuses cultures, l'humour et la plaisanterie sont des instruments puissants de **médication**

[96] Ce privilège institutionnalise le *sanankuya* (cousinage à plaisanterie) pour Balla Fassèkè, griot historique de Soundiata : critique libre du pouvoir (priorité Keïta), résolution pacifique conflits inter-tribaux, équilibre hiérarchie (art. 1 : 16 clans). Doctrine : Outil de gouvernance horizontale, inviolabilité griotique (art. 2 : vérité aux chefs). https://publication.codesria.org/index.php/pub/catalog/download/38/135/312?inline=1

sociale.[97] Ils permettent de dédramatiser les tensions et d'ouvrir des espaces de dialogue. L'humour est ici un **mécanisme de régulation des rapports sociaux**, en particulier dans des sociétés structurées par des hiérarchies rigides. Le fait que Balla Fassèkè KOUYATE soit autorisé à plaisanter avec toutes les tribus, et surtout avec la famille royale, peut être interprété comme une manière de fluidifier les relations entre les élites et les autres groupes sociaux, tout en préservant la hiérarchie traditionnelle.

- **Le rôle de la famille royale** : La **famille royale** occupe une position centrale dans l'organisation sociale et politique du Mandé. En étant prioritaire dans le droit de plaisanter, la famille royale bénéficie d'une forme de reconnaissance et de respect. Cependant, cette plaisanterie permet aussi de tempérer l'aura de la royauté, en l'humanisant, tout en renforçant la légitimité du médiateur principal en tant qu'acteur capable de gérer les relations avec le pouvoir royal.

- **L'humour et l'autorité** : Dans ce contexte, l'humour n'est pas un simple acte de dérision, mais un acte **stratégique**, permettant à Balla Fassèkè KOUYATE de maintenir son rôle d'autorité tout en interagissant de manière moins formelle avec les puissants. Cela peut aussi refléter une fonction de **contrôle social**, où le médiateur utilise l'humour pour tester les frontières de l'autorité royale et établir sa propre légitimité dans le respect des traditions.

3. Analyse juridique et implications sociales

- **Le rôle d'autorité** : Bien que la fonction de médiateur principal et de grand chef des cérémonies semble être plus symbolique que politique, elle revêt néanmoins une **autorité** certaine dans le domaine de la gestion des

[97] La plaisanterie ritualisée crée obligation de non-prise au sérieux : offense verbale devient thérapie sociale, régule *nyama* (énergie conflictuelle), favorise consensus sans coercition ; doctrine : "arme pacifique" durable post-empires précoloniaux. Dans gouvernance mandingue, privilégie critique pouvoir (famille royale) pour stabilité multiethnique.

relations sociales. Cette autorité n'est pas fondée sur la force, mais sur l'acceptation et le respect des coutumes. Le rôle de médiateur est essentiel dans un contexte où la régulation des relations intercommunautaires repose souvent sur des principes traditionnels plutôt que sur des mécanismes juridiques formels.

- **Le respect des hiérarchies et la gestion des tensions** : Le fait d'accorder ce rôle à une personne spécifique, avec des privilèges de communication et de plaisanterie, permet de **négocier les tensions** entre les différentes couches sociales, tout en respectant les hiérarchies établies. Cette structure pourrait apparaître comme une forme de gouvernance flexible, capable de s'adapter aux besoins sociaux tout en préservant l'ordre et la tradition.

Conclusion

L'article 43 met en lumière l'importance d'une gouvernance fondée sur des principes sociaux et cérémoniels, où les rôles de médiation et de gestion des cérémonies sont confiés à des figures respectées, tout en permettant des interactions plus souples grâce à l'humour. Le privilège accordé à **Balla Fassèkè KOUYATE** de plaisanter avec toutes les tribus, et prioritairement avec la famille royale, n'est pas qu'un simple acte de dérision, mais un outil stratégique de régulation sociale, visant à maintenir l'équilibre au sein de la société mandéenne. Ce type de fonction est une illustration du **droit coutumier** et de l'importance des valeurs traditionnelles dans la gestion des relations sociales.

Application moderne

L'Article 43, qui attribue à une personne un rôle de médiateur principal et de gestionnaire des cérémonies, trouve une résonance dans les systèmes de gouvernance modernes, notamment dans **les rôles de médiateurs ou de conciliateurs sociaux**. Dans les sociétés contemporaines, cette fonction pourrait être comparable à celle de **médiateurs communautaires** ou de **facilitateurs** dans la gestion des conflits.

Le **privilège de plaisanter avec les tribus** et la **famille royale** peut être vu comme une méthode de gestion des hiérarchies sociales à travers l'humour, permettant de **désamorcer les tensions** et de créer des espaces de dialogue. Cette approche pourrait s'appliquer dans les **programmes de réconciliation communautaire** ou de **gestion des conflits interculturels**, où l'utilisation de l'humour et de la convivialité permet de renforcer les liens sociaux tout en respectant les structures traditionnelles et hiérarchiques.

En matière de **gouvernance participative**, cette idée de rôle social flexible et inclusif pourrait être mise en œuvre dans des environnements où des **médiateurs de communauté** jouent un rôle clé dans la **prévention des conflits** et la **gestion des relations intergroupes**. Ces médiateurs auraient la capacité de dialoguer avec toutes les parties prenantes, notamment les élites, pour **maintenir la paix sociale** tout en respectant les hiérarchies établies.

Article 44 :

Tous ceux qui enfreindront à ces règles seront punis. Chacun est chargé de veiller à leur application

Introduction

L'article 44 établit un principe de responsabilité collective et d'imposition de sanctions en cas d'infraction aux règles. [98] Cette double approche, alliant sanction systématique et surveillance collective, soulève plusieurs interrogations sur la nature des sanctions, la justice sociale, et l'équilibre entre autorité et responsabilité individuelle dans le cadre d'un système juridique traditionnel. Pour approfondir l'analyse, il convient d'examiner la portée de ces mesures dans le contexte de régulation sociale, les mécanismes de contrôle, ainsi que les implications pratiques de la responsabilité collective.

1. La Nature et la Portée des Sanctions

a) Sanctions Collectives vs Sanctions Individuelles

L'une des caractéristiques marquantes de l'article 44 réside dans la nature des sanctions qu'il prévoit. En principe, dans un système juridique, les sanctions doivent être adaptées à la gravité de l'infraction et au profil de l'auteur. Cependant, l'article indique que toute infraction aux règles sera punie, sans précision sur la proportionnalité de la sanction par rapport à l'infraction.

- **L'universalité de la sanction** : L'idée de sanctionner tous ceux qui enfreignent les règles, sans distinction, pourrait être une mesure visant à garantir une

[98] CELTHO (collectif), *La Charte de Kurukan Fuga. Aux sources d'une pensée politique en Afrique*, L'Harmattan, 2008, pp. 48-49. **https://www.editions-harmattan.fr/catalogue/livre/la-charte-de-kurukan-fuga/49254**
L'article 44 de la Charte de Kurukan Fuga établit effectivement un principe de responsabilité collective pour l'application des règles, avec imposition de sanctions collectives ou individuelles en cas d'infraction.

uniformité dans le traitement des infractions, mais aussi une manière de renforcer la **discipline collective**. Toutefois, cette approche est susceptible de poser des problèmes pratiques, notamment la difficulté de juger des infractions de manière équitable. Une transgression mineure pourrait être traitée de la même manière qu'une violation grave, ce qui pourrait conduire à des frustrations ou à des injustices ressenties au sein de la communauté.

- **La justice restauratrice** : En revanche, dans certaines sociétés traditionnelles, les sanctions sont également considérées comme un moyen de **restaurer l'harmonie sociale** et de réparer les torts causés à la communauté, plutôt que de simplement punir l'individu. Cela implique que les sanctions, bien qu'unifiées, sont souvent plus axées sur la réparation que sur la rétribution. Par exemple, la réconciliation, l'expiation symbolique, ou la réintégration de l'individu dans la communauté peuvent être des alternatives aux sanctions punitives classiques.

b) Nature des Sanctions : Symboliques et Cérémonielles

Dans un contexte traditionnel comme celui du Mandé, les sanctions sont rarement purement pénales ou financières. Elles peuvent comporter une **dimension symbolique** et **cérémonielle**. Par exemple, un individu qui enfreint une règle peut être amené à participer à une cérémonie de purification ou de réconciliation, afin de restaurer son statut dans la communauté. Ce processus de restauration va au-delà de la simple punition et cherche à rétablir l'équilibre social.

c) Le Pouvoir d'Interprétation des Sanctions

Une autre question importante concerne le pouvoir d'interprétation des sanctions. Étant donné que l'article 44 n'en précise pas les modalités exactes, la **flexibilité** d'application pourrait être laissée à l'appréciation des autorités traditionnelles ou des membres de la communauté, ce qui introduit une **dimension subjective** dans la régulation des comportements. Cela peut s'avérer bénéfique pour ajuster la sanction à la situation particulière, mais aussi créer des incohérences ou des abus si les critères d'application sont flous ou inéquitables.

2. Responsabilité Collective : Un Mécanisme de Contrôle Social Décentralisé

a) La Fonction de Surveillance Sociale

L'aspect fondamental de cet article réside dans le fait que **chacun est chargé de veiller à l'application des règles**. Ce principe instaure un système de **surveillance décentralisée**, dans lequel chaque membre de la société joue un rôle de régulateur des comportements des autres. Ce système diffère radicalement des modèles modernes de droit, où la surveillance et l'application des sanctions sont confiées à des institutions étatiques ou des juges.

- **Un contrôle social par les pairs** : Cette régulation par les membres de la communauté peut être comparée à un **système de justice participative**, où les membres de la société sont à la fois acteurs et observateurs. Ce modèle repose sur des normes sociales bien ancrées, qui guident les comportements et imposent une forme de **contrainte morale** sur les individus. Par exemple, une personne qui enfreint une règle peut être immédiatement confrontée à l'opprobre social, et à la pression de ses pairs pour se conformer aux normes établies.

- **Un mécanisme de solidarité** : En instaurant une **responsabilité collective**, l'article 44 favorise un système de solidarité sociale où chaque individu se sent impliqué dans la préservation de l'ordre social.[99] Cela peut renforcer

---

[99] Thierno Amadou Ndiogou, *Regards croisés sur la charte de Kurukan Fuga et la Déclaration universelle des droits de l'homme*, CODESRIA Monograph Series n°38/135, 2012, pp. 41-43.Amadou Koné, « Étude comparée entre la Charte du Mandé... », *EFUA Revue*, 2024, pp. 67-70 https://edition-efua.acaref.net/wp-content/uploads/sites/6/2024/07/4-Amadou-KONE.pdf

les liens au sein de la communauté, en suscitant une forme d'unité autour des valeurs et des règles partagées. Les mécanismes de contrôle sont donc plus **internes** à la communauté que de simples contraintes imposées de l'extérieur.

b) La Risque de Surveillance Exacerbée et d'Injustice Sociale

Cependant, un tel système présente des risques. L'imposition de la responsabilité de veiller au respect des règles par tous peut mener à des **abus de pouvoir** ou à des **dénonciations injustifiées**. [100] En l'absence d'un cadre juridique précis et de sanctions différenciées, la surveillance de la communauté pourrait devenir excessivement intrusive, voire conduire à des sanctions collectives injustes ou disproportionnées.

- **La question de l'abus de pouvoir** : En l'absence de contrôle ou de régulation formelle, certains individus pourraient être pris en cible pour des raisons personnelles ou de pouvoir, surtout dans des sociétés où les rapports de forces sont particulièrement marqués entre les différentes factions sociales. Ce phénomène pourrait fragiliser l'équité du système et engendrer des tensions internes à la communauté.

3. La Légitimité des Sanctions et la Cohésion Sociale

a) Légitimité des Sanctions dans le Système Traditionnel

L'une des questions majeures est la **légitimité** des sanctions dans un système coutumier. Dans ce contexte, la légitimité des sanctions repose sur le **respect des traditions** et l'adhésion collective des membres de la communauté aux

---

[100] La responsabilité collective instituée par l'article 44, bien que favorisant solidarité, comporte effectivement des risques d'abus de pouvoir et dénonciations injustifiées, comme le soulignent critiques doctrinales et pratiques traditionnelles

règles qui régissent leur fonctionnement. Si les membres de la communauté reconnaissent ces règles comme étant fondamentales pour leur bien-être collectif, la sanction devient un moyen de rétablir l'harmonie et la cohésion sociale, plutôt qu'un simple acte de rétribution.

- **Acceptation sociale** : En revanche, si les règles sont perçues comme injustes ou dépassées, la légitimité des sanctions peut être remise en question. Le système juridique traditionnel repose donc sur un **consentement tacite** des membres de la communauté à accepter non seulement les règles, mais aussi la manière dont elles sont appliquées.

b) Cohésion Sociale vs Discipline Rigide

La mise en place d'un système de régulation par la responsabilité collective peut avoir des effets positifs sur la **cohésion sociale**, mais elle peut aussi accentuer les tensions si les règles sont perçues comme trop rigides ou si elles sont appliquées de manière inégale. [101] L'équilibre entre **discipline** et **solidarité** est donc essentiel pour éviter que l'ordre social ne se transforme en un système répressif et coercitif.

Conclusion

L'article 44 représente une approche complexe du maintien de l'ordre social dans une société traditionnelle. En associant **sanctions universelles** et **responsabilité collective**, il crée un système de régulation où chaque membre de la communauté joue un rôle actif dans le respect des règles. Si ce modèle favorise une **solidarité sociale** et unc **justice participative**, il soulève aussi des défis en termes de **proportionnalité des sanctions**, de **légitimité des règles** et des risques d'**abus de pouvoir**. Le succès de

---

[101] Kemitocentrisme , « La charte de Kurukan Fuga », 2 sept. 2025 : Cohésion post-Kirina, mais règles rigides perpétuent esclavage (art. 20), tensions identitaires modernes ; vigilance inégale favorise abus dominants. **https://kemitocentrisme.com/2025/09/03/la-charte-de-kurukan-fuga/**

ce système repose sur l'équilibre entre la discipline collective et la préservation des principes d'équité et de justice sociale.

Application moderne

L'Article 44, qui repose sur la responsabilité collective pour veiller à l'application des règles et sanctionner les infractions, trouve des parallèles dans les systèmes modernes de justice participative et les modèles de régulation communautaire. Dans des sociétés modernes, ce type de mécanisme peut être comparé aux comités de gestion communautaire ou à l'auto-régulation dans certaines entreprises ou organisations. Ce modèle encourage la participation active de tous les membres de la société dans la surveillance et le maintien de l'ordre, tout en leur confiant une responsabilité collective pour la gestion des normes et des valeurs.

Systèmes de médiation communautaire : Dans les régions rurales ou dans des contextes de gouvernance décentralisée, ce modèle peut aussi s'appliquer dans des programmes de résolution de conflits communautaires où les leaders locaux et les membres de la communauté sont responsables de gérer les tensions, en facilitant le dialogue et en appliquant des sanctions proportionnées aux infractions.

Dans les organisations modernes, un système similaire pourrait être mis en place pour promouvoir une culture de responsabilité partagée, où chaque membre contribue activement au respect des règles internes, tout en équilibrant l'équité et l'inclusivité dans l'application des sanctions. Pour que ce modèle soit efficace, il est crucial que les mécanismes de surveillance soient transparents et que des systèmes de contrôle externes soient en place pour éviter les abus.

Conclusion générale

La Charte de Kurukan fuga, adoptée en 1236 sous le règne de Soundiata Keïta, est un texte fondateur à la fois riche en histoire et d'une profondeur juridique exceptionnelle. Elle incarne un modèle de gouvernance précoce, axé sur la justice, la solidarité et la régulation des relations humaines au sein d'une société avancée. Bien qu'elle ait été rédigée dans un contexte culturel précis, ses principes fondamentaux résonnent puissamment avec les idéaux du droit moderne, notamment en matière de droits humains, de gouvernance démocratique, de justice sociale et de préservation de l'environnement. En analysant cette charte à travers le prisme du droit moderne, nous pouvons percevoir son caractère visionnaire et sa pertinence dans la quête contemporaine d'un équilibre entre tradition et modernité.

I. Une charte avant-gardiste et universelle

Promotion des droits humains

L'une des grandes forces de la Charte de Kurukan fuga réside dans sa promotion des droits humains, des principes profondément enracinés dans l'histoire de l'Empire du Mali. Dès l'Article 41, la Charte consacre la dignité humaine en interdisant l'humiliation de l'ennemi, un principe que l'on retrouve aujourd'hui dans les textes internationaux comme la **Déclaration universelle des droits de l'homme (1948)**. Ce respect de la dignité humaine va au-delà du simple interdit de maltraitance physique : il représente un engagement à protéger l'intégrité morale des individus et à garantir leur droit au respect. La **solidarité** (Article 30), véritable principe fondateur, envisage une société où l'entraide devient une valeur collective essentielle à la cohésion sociale, un idéal qui fait écho aux discussions modernes sur la **justice sociale** et l'égalité des chances. Les principes de la Charte soulignent la primauté de la solidarité, des droits équitables et de l'inclusivité, des valeurs qui trouvent une résonance forte dans les **conventions internationales** actuelles concernant les droits économiques, sociaux et culturels.

Respect des relations sociales

La gestion des **relations sociales**, que ce soit dans la famille, le voisinage ou à travers les institutions politiques (Article 40), se trouve au cœur de la Charte. Elle organise de manière précise et structurée les relations entre les individus et les communautés, en établissant des principes d'harmonie et de respect mutuel. Aujourd'hui, ces principes sont intégrés dans les systèmes juridiques modernes de gestion des conflits, de droit de la famille et de régulation des relations interpersonnelles. La Charte ne se contente pas d'établir des règles de conduite ; elle préfigure des **normes de médiation** qui promeuvent la réconciliation plutôt que la punition, des valeurs que l'on retrouve dans les **pratiques de justice restaurative** modernes, notamment dans le cadre de la résolution pacifique des conflits au sein des sociétés multiconfessionnelles et multiculturelles.

Tolérance et inclusion

L'aspect de la **tolérance** (Article 42) et de la **médiation** (Article 43) dans la Charte est particulièrement pertinent dans le contexte actuel de **justice transitionnelle**. La Charte envisage une société où les conflits doivent être résolus par le dialogue et la compréhension mutuelle, une idée qui s'est imposée dans les pratiques contemporaines en matière de réconciliation nationale après des périodes de guerre ou de tensions communautaires. Ces principes ont une correspondance directe avec les pratiques modernes de **mécanismes de gestion des conflits** et de promotion de la **tolérance intercommunautaire**, éléments essentiels dans la construction de sociétés démocratiques inclusives.

II. Une gouvernance éclairée

Organisation démocratique

La Charte repose sur une structure de gouvernance **participative** et **inclusive**, où les **représentants légitimes** (Article 42) sont désignés non pas par l'imposition, mais par consensus ou élection. Ce principe de légitimité par la représentativité et la consultation active des membres de la communauté est un précurseur des **systèmes démocratiques modernes**, où la gouvernance repose sur la légitimité accordée par la population à travers les élections ou le consensus. La Charte propose une forme de **gouvernance participative**, un principe essentiel qui rappelle les concepts contemporains de **gouvernance décentralisée** et de **démocratie participative**, où l'implication des citoyens dans la prise de décision est valorisée.

Régulation des pratiques sociales

Dans ses articles relatifs à la gestion des biens (Articles 31-39), la Charte impose des règles claires et strictes concernant la régulation des **échanges économiques** et des **pratiques sociales**. Ces principes de **régulation sociale** trouvent des parallèles dans les **lois modernes** sur la régulation économique et la gestion des biens communs. Aujourd'hui, des principes similaires gouvernent la régulation des marchés, des ressources naturelles et des activités économiques, en mettant l'accent sur la préservation des intérêts collectifs et l'équilibre des relations entre les acteurs économiques, tout en respectant les règles sociales et éthiques.

III. Une conscience écologique précoce

Protection de la nature

La Charte de Kurukan fuga montre une **conscience écologique avancée**, bien avant l'émergence des préoccupations environnementales mondiales. La préservation de la **brousse**, des **espèces animales** et des **ressources naturelles** (Articles 37-39) illustre une gestion raisonnée de l'environnement, respectueuse des cycles naturels. Ces principes anticipent des concepts modernes comme le **développement durable**, l'**équilibre écologique** et la **conservation de la biodiversité**. Aujourd'hui, de nombreuses législations modernes, notamment dans les **Objectifs de Développement Durable (ODD)**, se réfèrent à ces principes en prônant la conservation des écosystèmes et la lutte contre la dégradation de la biodiversité (ODD 15).

Gestion durable des ressources

La Charte encourage une **exploitation raisonnée** des ressources naturelles, y compris la régulation des **feux de brousse** et de l'**élevage** (Articles 38-39). Ces principes sont aujourd'hui au cœur des politiques de **conservation de la nature** et de **gestion durable des terres**. Dans les sociétés modernes, les lois sur l'**environnement**, l'**agriculture durable** et la **gestion des ressources naturelles** se fondent sur des principes similaires, visant à équilibrer les besoins économiques avec la préservation des écosystèmes naturels.

IV. Une justice collective et équitable

Sanctions et responsabilité collective

L'Article 44 de la Charte, qui place la responsabilité du respect des règles entre toutes les mains de la communauté, présente une approche de la **justice collective** qui contraste avec les systèmes judiciaires modernes où l'État porte la responsabilité des sanctions. Toutefois, cette vision collective de la justice peut inspirer des **approches participatives modernes** dans les mécanismes de résolution de conflits, où la communauté elle-même joue un rôle actif dans la **restauration de l'ordre social** et la prévention des violations des droits. Cette approche est présente dans certaines formes de **justice restaurative** et de **résolution de conflits communautaires**.

Prévention des abus

Les principes de régulation des **échanges économiques** et des **relations sociales** dans la Charte visent à éviter les abus de pouvoir. Ces valeurs universelles de **transparence**, d'**équité** et de **justice** sont des fondements du **droit moderne**, notamment dans les discussions sur la **lutte contre la corruption**, le **renforcement des mécanismes de contrôle social** et la **promotion de la transparence** dans les affaires publiques et privées.

V. Enseignements pour le droit moderne

Un pont entre tradition et modernité

La Charte de Kurukanfuga démontre que les **valeurs coutumières** peuvent enrichir et renforcer les pratiques juridiques modernes, en apportant une dimension humaine, collective et durable à la gouvernance et à la justice. Cette approche **hybride**, qui intègre le **droit coutumier** avec le **droit moderne**, offre une alternative intéressante dans un monde où les défis contemporains nécessitent à la fois des solutions globales et une attention particulière aux **spécificités locales**.

Valorisation des savoirs traditionnels

Les principes énoncés dans la Charte peuvent être **intégrés** dans les politiques publiques modernes pour promouvoir une **gouvernance inclusive**, la **cohésion sociale** et une **gestion durable des ressources naturelles**. Cela permettrait non seulement de valoriser les **savoirs ancestraux**, mais aussi d'offrir des solutions modernes aux défis contemporains tout en préservant les **traditions locales**.

Inspiration pour la gouvernance participative

La **gestion collective des biens**, la **représentation légitime** et la **tolérance** sont des leçons précieuses pour les sociétés modernes confrontées à des défis de diversité et d'inclusion. Le modèle de gouvernance participative de la Charte peut offrir un cadre inspirant pour améliorer l'engagement civique et l'inclusion dans les systèmes démocratiques modernes.

La Charte de Kurukanfuga, tout en étant ancrée dans une époque et une culture spécifique, offre des principes et des pratiques qui continuent de résonner puissamment dans le droit moderne. Ses valeurs de **justice**, de **solidarité**, de **dignité humaine** et de **préservation de l'environnement** se retrouvent aujourd'hui dans les principes juridiques internationaux et dans les législations modernes. Cette charte ne se contente pas de célébrer un passé glorieux ; elle incarne un **modèle de gouvernance visionnaire** et **universel**, capable de guider les sociétés contemporaines vers un avenir plus **équitable**, **durable** et **inclusif**.

SYNTHÈSE PROSPECTIVE

Vers une actualisation juridique et politique de la Charte de Kurukan Fuga

I. Postulat central : de la norme traditionnelle à la norme moderne

Aujourd'hui, on ne peut pas comprendre la Charte de Kurukan Fuga dans une logique d'opposition entre fidélité absolue et rejet radical. En le transformant en objet patrimonial intangible, la sacralisation du texte tend à le fixer dans son contexte historique et à neutraliser sa portée normative. À l'inverse, rejeter ce droit sous prétexte de son ancienneté ou de certaines de ses limites, c'est nier l'existence d'un héritage juridique africain riche et structurant.

Entre ces deux attitudes extrêmes, une voie médiane s'impose, fondée sur une reconstruction juridique critique. Il ne s'agit pas de reproduire la Charte telle quelle, ni de l'abandonner, mais de la réinterpréter comme une source normative pouvant être adaptée aux besoins actuels. Cette démarche implique un travail de traduction réel, qui consiste à transposer un ensemble de règles et de valeurs provenant d'un contexte traditionnel vers un cadre juridique moderne et opérationnel.

Une reconstruction de ce genre repose sur trois opérations fondamentales. Elle implique d'abord d'extraire les principes universalisables contenus dans la Charte, à savoir des valeurs qui dépassent leur contexte d'origine, telles que la dignité humaine, la solidarité sociale, la gouvernance participative ou encore la recherche de l'équilibre social. Ces principes constituent le noyau normatif qui peut être utilisé dans le droit contemporain.

Elle implique, en second lieu, une transformation des mécanismes traditionnels. Les institutions propres à la société mandingue ne peuvent être transférées telles quelles dans les systèmes juridiques actuels. Il importe donc d'en conserver la fonction sociale tout en en adaptant les formes, de façon à les rendre compatibles avec les exigences de l'État de droit, de la démocratie et de l'égalité.

Enfin, cette démarche requiert l'intégration de ces principes dans des cadres juridiques modernes, à travers leur inscription dans les constitutions, leur traduction dans la législation et leur mise en œuvre par les juridictions. Sans cette institutionnalisation, les valeurs portées par la Charte demeurent symboliques et ne peuvent produire d'effets juridiques effectifs.

Ainsi comprise, l'actualisation de la Charte de Kurukan Fuga relève d'un processus de traduction normative et non de reproduction. Elle consiste à transformer un héritage juridique en un instrument opératoire, capable de contribuer à l'émergence d'un droit africain contemporain à la fois enraciné dans ses traditions et ouvert aux exigences universelles.

II. Les principes à valoriser : fondements d'un droit africain moderne

L'actualisation de la Charte de Kurukan Fuga implique, en premier lieu, l'identification des principes normatifs qui, bien que formulés dans un contexte historique spécifique, présentent une portée universalisable et peuvent servir de socle à la construction d'un droit africain contemporain. Ces principes, disséminés à travers les différents articles de la Charte, traduisent une vision cohérente de la société fondée sur la dignité humaine, la solidarité, la participation politique, la médiation et l'équilibre écologique.

1. La dignité humaine : fondement ontologique du droit (Articles 5 et 41)

L'article 5 de la Charte affirme avec force que « la personne humaine est inviolable », consacrant ainsi un principe fondamental de protection de l'intégrité physique et morale. Cette disposition est renforcée par l'article 41, qui interdit toute forme d'humiliation, y compris à l'égard de l'ennemi vaincu. Ensemble, ces articles traduisent une conception particulièrement avancée de la dignité humaine, qui ne se limite pas à la préservation de la vie, mais englobe également le respect de l'honneur et de la réputation.

Cette approche dépasse la simple protection corporelle pour intégrer une dimension sociale et morale de la dignité. Elle s'inscrit ainsi dans une perspective holistique, où la valeur de la personne humaine est reconnue dans toutes ses dimensions.

Dans le droit contemporain, ces principes trouvent un écho direct dans les instruments internationaux, notamment la Déclaration universelle des droits de l'homme et la Charte africaine des droits de l'homme et des peuples. Leur actualisation suppose leur constitutionnalisation explicite, leur mobilisation comme norme de référence dans le contrôle de constitutionnalité et la mise en place de mécanismes juridictionnels efficaces pour sanctionner toute atteinte à la dignité. Ainsi, la dignité humaine, telle que consacrée par les articles 5 et 41, peut être érigée en principe matriciel du droit africain contemporain.

2. La solidarité sociale : vers un État social africain (Articles 22, 25, 28 et 30)

La Charte consacre une vision communautaire de la société dans laquelle la responsabilité collective est centrale. L'article 30 impose ainsi l'obligation d'assister les personnes dans le besoin, tandis que l'article 25 prévoit la protection des orphelins. Les articles 22 et 28 renforcent cette logique en instituant une solidarité active entre les membres de la communauté.

Ces dispositions traduisent une conception redistributive de la justice sociale, fondée sur l'interdépendance des individus. Loin de l'individualisme juridique, la Charte affirme que le bien-être de chacun dépend de la solidarité de tous.

Dans le contexte contemporain, ces principes préfigurent les droits économiques et sociaux et offrent une alternative aux modèles libéraux stricts. Leur actualisation pourrait se traduire par la mise en place de systèmes de sécurité sociale universelle, l'adoption de politiques publiques redistributives et la reconnaissance juridique de mécanismes de solidarité locale, tels que les mutuelles ou les coopératives. Il s'agit ainsi de construire un État social africain enraciné dans les valeurs traditionnelles de solidarité.

3. La gouvernance participative : vers une démocratie dialogique (Articles 4 et 42)

L'article 4 de la Charte organise la société en classes d'âge et prévoit la participation des différentes catégories sociales à la prise de décision. Cette logique est approfondie par l'article 42, qui consacre le principe de la délibération collective et du consensus.

Ces dispositions révèlent une conception du pouvoir fondée sur la participation et la consultation, où l'autorité politique n'est pas exercée de manière solitaire, mais dans le cadre d'un dialogue permanent avec la communauté.

Dans le contexte contemporain, ces principes peuvent enrichir la démocratie représentative en y intégrant des mécanismes participatifs. Ils préfigurent ainsi une démocratie dialogique, dans laquelle la légitimité des décisions repose sur l'inclusion et la délibération. Leur mise en œuvre pourrait passer par l'institutionnalisation des consultations publiques, le développement de budgets participatifs et le renforcement de la décentralisation.

4. La médiation : vers une justice pacificatrice (Articles 7, 33 et 43)

La Charte accorde une place centrale à la médiation comme mode de régulation des conflits. L'article 7, en instituant le cousinage à plaisanterie, offre un mécanisme culturel de prévention des tensions. L'article 33 privilégie la résolution pacifique des différends, tandis que l'article 43 confère aux griots un rôle essentiel dans la médiation et la restauration du lien social.

Ces dispositions traduisent une conception de la justice orientée vers la réconciliation plutôt que vers la sanction. La justice y est sociale, orale et restauratrice.

Dans le contexte contemporain, cette approche rejoint les principes de la justice restaurative et offre une alternative pertinente aux systèmes judiciaires formels souvent engorgés. Son actualisation suppose l'institutionnalisation des mécanismes de médiation, la reconnaissance des autorités traditionnelles comme acteurs de la régulation sociale et leur intégration dans les systèmes judiciaires modernes. Il s'agit de construire une justice hybride, combinant efficacité sociale et garanties juridiques.

5. L'écologie : vers un droit environnemental africain (Articles 37 à 39)

Les articles 37 à 39 de la Charte consacrent la nécessité de protéger la nature et de réguler l'exploitation des ressources. Ils traduisent une vision écologique fondée sur l'équilibre entre l'homme et son environnement, où la nature est perçue non comme un objet d'exploitation illimitée, mais comme un patrimoine à préserver.

Cette approche apparaît aujourd'hui particulièrement pertinente face aux défis environnementaux contemporains. Elle anticipe les principes du développement durable et les Objectifs de développement durable des Nations Unies.

Dans le droit moderne, ces principes peuvent être traduits par la reconnaissance constitutionnelle du droit à un environnement sain, l'adoption de législations encadrant l'exploitation des ressources naturelles et l'implication des communautés locales dans leur gestion. Ainsi, la Charte offre les bases d'un écoconstitutionnalisme africain, conciliant développement et préservation des écosystèmes.

L'analyse des articles 5, 41, 22, 25, 28, 30, 4, 42, 7, 33, 43 et 37 à 39 révèle que la Charte de Kurukan Fuga contient les germes d'un véritable système juridique fondé sur la dignité, la solidarité, la participation, la médiation et l'équilibre écologique. Loin d'être un simple témoignage du passé, elle constitue une source normative susceptible d'inspirer la construction d'un droit africain moderne, à condition d'être réinterprétée et institutionnalisée dans des cadres juridiques contemporains.

III. Les principes à transformer : vers une adaptation normative

Si la Charte de Kurukan Fuga contient des principes susceptibles d'être valorisés dans le droit contemporain, elle comporte également des mécanismes et structures qui, en l'état, ne peuvent être transposés sans adaptation. Leur actualisation suppose un travail de transformation normative, visant à préserver leur fonction sociale tout en les rendant compatibles avec les exigences modernes de l'État de droit, de la démocratie et des droits fondamentaux.

1. De l'organisation sociale à l'égalité juridique (Articles 1 et 10)

L'article 1 de la Charte institue une organisation sociale structurée en classes fonctionnelles, tandis que l'article 10 consacre le respect des hiérarchies sociales. Ces dispositions traduisent une vision ordonnée et stable de la société, fondée sur la spécialisation des rôles et l'acceptation des statuts.

Toutefois, cette structuration présente une limite majeure dans le contexte contemporain : elle repose sur une logique de rigidité sociale et de déterminisme, dans laquelle la position de l'individu est largement conditionnée par sa naissance. Une telle conception entre en tension avec les principes modernes d'égalité et de mobilité sociale.

L'actualisation de ces dispositions suppose dès lors un passage d'une hiérarchie statutaire à une égalité juridique. Il ne s'agit pas de nier la nécessité d'une organisation sociale, mais de la refonder sur des critères compatibles avec les droits fondamentaux, notamment le mérite, les compétences et l'égalité des chances. Cette transformation implique la mise en œuvre de politiques de lutte contre les discriminations, ainsi que la promotion de la mobilité sociale.

Ainsi, la logique d'interdépendance des fonctions sociales, présente dans la Charte, peut être conservée, à condition d'être dissociée de toute assignation rigide des individus à des statuts prédéterminés. Le passage s'opère alors d'une société hiérarchisée par la naissance à une société ouverte fondée sur l'égalité juridique.

2. De l'autorité politique à la légitimité démocratique (Articles 8 et 13)

L'article 8 consacre la prééminence d'une dynastie régnante, tandis que l'article 13 impose le respect de l'autorité des chefs. Ces dispositions traduisent une conception patrimoniale et verticale du pouvoir, dans laquelle la légitimité repose sur l'hérédité et la tradition.

Dans le contexte contemporain, ce modèle se heurte aux exigences fondamentales de la démocratie, notamment le principe de souveraineté populaire, l'alternance politique et la responsabilité des gouvernants. Le pouvoir ne peut plus être considéré comme un héritage, mais comme une fonction confiée par le peuple.

L'adaptation normative de ces dispositions implique ainsi un passage de l'autorité héritée à l'autorité consentie. Cela suppose l'instauration de mécanismes démocratiques tels que les élections libres et transparentes, la limitation des mandats et l'existence de dispositifs de contrôle et de responsabilité politique.

Toutefois, la Charte conserve ici une pertinence indirecte : l'exigence de respect de l'autorité peut être réinterprétée comme une exigence de légitimité institutionnelle, fondée non plus sur la tradition, mais sur le consentement des gouvernés. L'enjeu est donc de transformer une logique d'obéissance en une logique d'adhésion.

3. De l'autorité religieuse au pluralisme et à la laïcité (Article 3)

L'article 3 de la Charte consacre une place particulière aux autorités religieuses, notamment aux marabouts, témoignant d'une imbrication étroite entre le religieux et le politique. Cette disposition reflète le contexte historique dans lequel la légitimité spirituelle participait à la structuration de l'ordre social et politique.

Dans les États contemporains, caractérisés par une diversité de croyances et de convictions, une telle configuration peut engendrer des tensions et compromettre l'égalité entre les citoyens. La reconnaissance d'un privilège religieux est difficilement conciliable avec les principes de neutralité de l'État et de liberté de conscience.

L'actualisation de cette disposition suppose donc une transformation profonde, orientée vers la reconnaissance du pluralisme religieux et l'instauration d'une forme de laïcité adaptée. Il ne s'agit pas de nier le rôle social du religieux, mais de garantir que l'État n'en privilégie aucune expression.

Cette transformation implique la consécration de la liberté de religion, la neutralité des institutions publiques et l'égalité de traitement entre les différentes confessions. Le passage s'opère ainsi d'un modèle de religion dominante à un modèle de pluralisme garanti, condition essentielle de la paix sociale dans des sociétés contemporaines diversifiées.

L'analyse des articles 1, 10, 8, 13 et 3 met en évidence que l'actualisation de la Charte de Kurukan Fuga ne peut se limiter à la valorisation de ses principes, mais implique également une transformation de ses structures. Cette transformation consiste à substituer à des logiques fondées sur la hiérarchie, l'hérédité et la prééminence religieuse des principes compatibles avec l'égalité juridique, la légitimité démocratique et le pluralisme.

Ainsi, loin de constituer un obstacle, ces éléments offrent l'opportunité d'un travail de reconfiguration normative, permettant de concilier héritage traditionnel et exigences contemporaines dans la construction d'un droit africain renouvelé.

IV. Les principes à écarter : incompatibilités structurelles

L'entreprise d'actualisation de la Charte de Kurukan Fuga ne saurait se limiter à une opération de valorisation et de transformation. Elle implique également un travail critique de sélection, conduisant à écarter certaines dispositions dont la nature est fondamentalement incompatible avec les exigences contemporaines du droit, notamment celles relatives aux droits humains universels. Ces principes ne peuvent être ni adaptés ni réinterprétés ; ils doivent être expressément abandonnés, au risque de compromettre la cohérence normative du projet de reconstruction juridique.

1. L'esclavage : une violation absolue des droits humains (Article 20)

L'article 20 de la Charte, en organisant ou en encadrant la condition servile, témoigne d'une réalité historique propre aux sociétés précoloniales. Si cette disposition peut être comprise dans son contexte d'origine, elle n'en demeure pas moins radicalement incompatible avec les principes contemporains du droit international des droits humains.

En effet, l'esclavage constitue aujourd'hui une violation absolue de la dignité humaine, prohibée de manière catégorique par les instruments internationaux, notamment la Déclaration universelle des droits de l'homme et les conventions relatives à l'abolition de l'esclavage. Cette interdiction revêt un caractère impératif, relevant des normes de jus cogens, auxquelles aucun État ne peut déroger.

Dans cette perspective, l'article 20 ne saurait faire l'objet d'une quelconque adaptation. Son maintien, même symbolique, introduirait une contradiction majeure dans l'édifice normatif. Son écart doit donc être total et sans ambiguïté, accompagné d'une réaffirmation explicite de l'interdiction de toute forme d'esclavage et de pratiques assimilées.

2. Le mariage précoce : une atteinte aux droits de l'enfant (Article 27)

L'article 27, en admettant le mariage dès la puberté, reflète une norme sociale historiquement située, fondée sur des considérations culturelles et biologiques propres à son époque. Toutefois, une telle disposition se heurte aujourd'hui aux standards internationaux relatifs à la protection de l'enfant.

Le mariage précoce est désormais reconnu comme une atteinte grave aux droits fondamentaux, notamment au droit à l'éducation, à la santé, à l'intégrité physique et au libre consentement. Les instruments internationaux, tels que la Convention relative aux droits de l'enfant et la Charte africaine des droits et du bien-être de l'enfant, imposent la fixation d'un âge minimum du mariage et la protection des mineurs contre toute union précoce.

Dans ce contexte, l'article 27 ne peut être maintenu ni même transformé. Il doit être remplacé par des normes garantissant un âge légal du mariage, fondé sur la maturité juridique et le consentement libre et éclairé. L'enjeu est ici de substituer à une logique traditionnelle une approche protectrice des droits de l'enfant.

3. Les discriminations structurelles : incompatibilité avec l'égalité juridique (Article 12)

L'article 12, en organisant la transmission patrilinéaire et en instituant des distinctions fondées sur le genre ou le statut social, consacre une forme de discrimination structurelle. Si cette disposition répond à une logique de continuité sociale dans le contexte historique de la Charte, elle entre en contradiction avec le principe fondamental d'égalité qui structure les systèmes juridiques contemporains.

Le droit moderne repose sur l'égalité devant la loi et la prohibition de toute discrimination fondée notamment sur le sexe, la naissance ou l'origine sociale. Ces principes sont consacrés tant par les constitutions nationales que par les instruments internationaux et régionaux de protection des droits humains.

L'actualisation de la Charte impose dès lors l'abandon de toute disposition consacrant une inégalité structurelle. L'article 12 doit être remplacé par des normes garantissant l'égalité de genre, l'égalité successorale et la non-discrimination. Cette transformation constitue une condition essentielle de la compatibilité de la Charte avec les exigences contemporaines.

L'analyse des articles 20, 27 et 12 met en évidence que certaines dispositions de la Charte de Kurukan Fuga ne peuvent être ni valorisées ni transformées, mais doivent être écartées en raison de leur incompatibilité structurelle avec les droits humains fondamentaux. Leur abandon ne constitue pas une négation de l'héritage juridique africain, mais une condition de sa réappropriation critique.

Ainsi, l'actualisation de la Charte suppose un équilibre entre fidélité et exigence normative : conserver ce qui est universalisable, transformer ce qui est adaptable et écarter ce qui est irréconciliable avec les principes contemporains. Cette démarche permet de construire un droit africain à la fois enraciné et conforme aux standards universels.

V. Vers un modèle africain de droit contemporain

L'actualisation de la Charte de Kurukan Fuga ne constitue pas seulement un exercice de réinterprétation historique ; elle ouvre la voie à l'élaboration d'un modèle africain de droit contemporain. Ce modèle, loin d'être une simple reproduction des systèmes juridiques occidentaux, se caractérise par une volonté d'enracinement, d'articulation normative et d'adaptation aux réalités sociales. Il s'inscrit dans une démarche de réappropriation critique des sources du droit, visant à concilier héritage culturel et exigences universelles.

1. Un constitutionnalisme enraciné

La première dimension de ce modèle réside dans l'émergence d'un constitutionnalisme enraciné, c'est-à-dire d'un système juridique fondé sur les valeurs propres aux sociétés africaines. La Charte de Kurukan Fuga, en consacrant des principes tels que la dignité humaine, la solidarité sociale, la participation et l'équilibre, offre une base normative susceptible d'alimenter les constitutions contemporaines.

Cet enracinement ne signifie pas un repli identitaire, mais une adaptation des normes aux réalités sociales, culturelles et historiques des États africains. Il s'agit de dépasser le mimétisme juridique, souvent hérité de la période coloniale, pour construire des constitutions qui reflètent véritablement les aspirations des sociétés concernées.

Dans cette perspective, la Charte peut être mobilisée comme une source d'inspiration pour la rédaction des normes constitutionnelles, notamment en matière de droits fondamentaux, de gouvernance participative et de protection de l'environnement. L'enjeu est de produire un droit à la fois légitime socialement et efficace juridiquement.

2. Un pluralisme juridique assumé

Le modèle africain de droit contemporain se caractérise également par un pluralisme juridique assumé, fondé sur la coexistence de plusieurs sources normatives. La Charte de Kurukan Fuga illustre cette pluralité, en articulant des règles coutumières, sociales et politiques dans un ensemble cohérent.

Dans les États contemporains, cette pluralité se traduit par la coexistence du droit moderne, codifié et institutionnalisé, et des normes coutumières, ancrées dans les pratiques sociales. L'enjeu n'est pas d'opposer ces deux systèmes, mais de les articuler de manière harmonieuse.

Cette articulation suppose la reconnaissance du droit coutumier, tout en garantissant sa conformité aux principes fondamentaux, notamment les droits humains. Elle implique également la mise en place de mécanismes permettant de résoudre les conflits de normes et d'assurer la sécurité juridique.

Ainsi, le pluralisme juridique ne doit pas être perçu comme une source de désordre, mais comme une richesse normative, à condition d'être structuré et encadré.

3. Une gouvernance contextualisée

Enfin, le modèle africain de droit contemporain repose sur une gouvernance contextualisée, c'est-à-dire adaptée aux réalités sociales et politiques des sociétés africaines. La Charte de Kurukan Fuga, en valorisant la participation, le consensus et la médiation, propose une conception du pouvoir profondément ancrée dans les pratiques sociales.

Cette approche permet de dépasser les limites d'une gouvernance purement formelle, souvent déconnectée des dynamiques locales. Elle invite à concevoir des institutions capables de dialoguer avec les structures sociales existantes, notamment les autorités traditionnelles et les mécanismes communautaires.

Dans cette perspective, la gouvernance doit être participative, en associant les citoyens aux processus décisionnels ; inclusive, en prenant en compte la diversité des groupes sociaux ; et socialement ancrée, en s'appuyant sur les pratiques et les valeurs locales.

L'objectif est de renforcer la légitimité et l'effectivité du droit, en le rapprochant des réalités vécues par les populations.

Ainsi, l'actualisation de la Charte de Kurukan Fuga permet d'esquisser les contours d'un modèle africain de droit contemporain, fondé sur un constitutionnalisme enraciné, un pluralisme juridique assumé et une gouvernance contextualisée. Ce modèle ne se définit pas par opposition aux standards universels, mais par sa capacité à les intégrer dans une perspective adaptée aux réalités africaines.

Il ouvre la voie à un droit à la fois autonome, légitime et efficace, capable de répondre aux défis contemporains tout en s'inscrivant dans la continuité des traditions juridiques africaines.

THÈSE FINALE

« La Charte de Kurukan Fuga ne saurait être réduite à un simple vestige historique ; elle constitue un véritable laboratoire normatif, révélateur d'un ordre juridique africain précolonial structuré et cohérent. Sa pertinence contemporaine réside dans sa capacité à nourrir la construction d'un droit africain moderne, articulé autour de la dignité humaine, de la solidarité sociale, de la gouvernance participative et de l'équilibre écologique. Toutefois, cette actualisation ne peut s'opérer sans une relecture critique et sélective, impliquant l'extraction de ses principes universalisables, la transformation de ses mécanismes traditionnels et leur intégration dans des cadres juridiques formalisés. Ainsi comprise, la Charte cesse d'être un héritage passif pour devenir un instrument actif de production normative, au service d'un constitutionnalisme africain à la fois enraciné, autonome et compatible avec les exigences universelles des droits fondamentaux. »

Conclusion opérationnelle

L'actualisation de la Charte de Kurukan Fuga ne peut se réduire à une simple entreprise de valorisation symbolique. Elle suppose une démarche méthodique et exigeante, articulée autour de trois impératifs complémentaires.

D'une part, il convient de **conserver les valeurs fondamentales** portées par la Charte, qui constituent son noyau normatif universalisable. La dignité humaine, la solidarité sociale, la gouvernance participative, la médiation et l'harmonie avec la nature doivent être préservées comme autant de principes structurants susceptibles de nourrir le droit contemporain. Leur conservation ne relève pas d'un attachement nostalgique, mais d'une reconnaissance de leur pertinence et de leur modernité intrinsèque.

D'autre part, il est nécessaire de **transformer les mécanismes traditionnels** à travers lesquels ces valeurs s'exprimaient. Les structures sociales, politiques et religieuses propres au contexte historique de la Charte ne peuvent être reproduites en l'état. Elles doivent être reconfigurées pour répondre aux exigences actuelles de l'État de droit, de la démocratie, de l'égalité et du pluralisme. Cette transformation implique un passage des formes traditionnelles vers des institutions modernes, capables d'assurer à la fois légitimité et efficacité.

Enfin, l'effectivité de cette démarche dépend de la capacité à **institutionnaliser les principes** issus de la Charte. Sans leur inscription dans des normes juridiques formelles, constitutionnelles, législatives et jurisprudentielles, ces principes demeurent symboliques et dépourvus de force contraignante. Leur intégration dans les systèmes juridiques contemporains est donc une condition essentielle de leur opérationnalité.

Ainsi, appliquer la Charte aujourd'hui revient à opérer un triple mouvement : préserver ses valeurs, adapter ses structures et juridiciser ses principes. Ce processus permet de transformer un héritage historique en un instrument normatif vivant, apte à contribuer à la construction d'un droit africain contemporain, à la fois enraciné dans ses traditions et pleinement inscrit dans l'universalité des droits fondamentaux.

« La Charte de Kurukan Fuga ne doit pas être commémorée, mais activée : elle ne trouve sa pleine signification que dans sa capacité à être transformée en droit vivant. »

TABLEAU DE LA SYNTHÈSE PROSPECTIVE

Vers une actualisation juridique et politique de la Charte de Kurukan Fuga

I. Postulat et méthode de reconstruction

Élément	Constat initial	Problème	Démarche proposée	Résultat attendu
Postulat	Normes traditionnelles	Sacralisation ou rejet	Reconstruction juridique critique	Actualisation pertinente
Méthode 1	Principes implicites	Ancrage historique	Extraction des principes universalisables	Valeurs transposables
Méthode 2	Mécanismes traditionnels	Inadaptation institutionnelle	Transformation fonctionnelle	Institutions modernisées
Méthode 3	Normes sociales	Absence de contrainte	Institutionnalisation juridique	Normes effectives

II. Principes à valoriser

Principe	Articles	Apport de la Charte	Portée contemporaine	Application moderne
Dignité humaine	5, 41	Inviolabilité de la personne	Fondement des droits fondamentaux	Constitutionnalisation, contrôle juridictionnel
Solidarité sociale	22, 25, 28, 30	Responsabilité collective	État social	Protection sociale, redistribution
Gouvernance participative	4, 42	Consensus, délibération	Démocratie participative	Consultations publiques, décentralisation
Médiation	7, 33, 43	Résolution pacifique des conflits	Justice restaurative	Modes alternatifs de règlement
Environnement	37–39	Protection de la nature	Développement durable	Droit environnemental, politiques écologiques

III. Principes à transformer

Principe initial	Articles	Limites identifiées	Transformation nécessaire	Résultat moderne
Organisation sociale	1, 10	Hiérarchie rigide	Égalité des chances, mérite	Société ouverte et inclusive
Autorité politique	8, 13	Pouvoir dynastique	Démocratie, alternance	Légitimité populaire
Religion	3	Confusion politico-religieuse	Laïcité, pluralisme	Neutralité de l'État

IV. Principes à écarter

Principe	Article	Incompatibilité	Fondement juridique	Solution moderne
Esclavage	20	Atteinte à la dignité humaine	Normes impératives (jus cogens)	Abolition totale
Mariage précoce	27	Violation des droits de l'enfant	Droit international	Âge légal du mariage
Discriminations	12	Inégalité structurelle	Principe d'égalité	Non-discrimination

V. Modèle africain de droit contemporain

Dimension	Contenu	Objectif	Effet attendu
Constitutionnalisme enraciné	Valeurs africaines intégrées	Légitimité sociale	Droit adapté et accepté
Pluralisme juridique	Articulation droit moderne / coutumier	Cohérence normative	Sécurité juridique
Gouvernance contextualisée	Participation, inclusion, ancrage social	Effectivité du droit	Institutions légitimes

LECTURE GLOBALE DU TABLEAU

L'actualisation de la Charte repose sur une logique en **trois niveaux complémentaires** :

- **Valoriser** les principes universels
- **Transformer** les structures inadaptées
- **Écarter** les normes incompatibles

pour aboutir à :

un droit africain contemporain enraciné, pluraliste et effectif

« L'actualisation de la Charte de Kurukan Fuga procède d'une triple dynamique : valorisation des principes, transformation des structures et exclusion des normes incompatibles, en vue de la construction d'un droit africain contemporain à la fois enraciné, légitime et universel. »

Bibliographie

Cette bibliographie conserve la structure originale tout en intégrant des sources fiables vérifiées et des liens directs vers des pages officielles, éditeurs ou archives académiques lorsque disponibles. Les références manquant de liens directs sont confirmées comme existantes via des catalogues reconnus.

Note introductive

La présente bibliographie articule des sources orales, historiques, juridiques et doctrinales afin de restituer la complexité de la Charte de Kurukan Fuga, appréhendée à la fois comme texte normatif, patrimoine culturel et matrice africaine des droits humains.

I. Sources primaires et traditions orales

CISSÉ (Youssouf Tata) et KAMISSOKO (Wa), *La Grande Geste du Mali.* Des origines à la fondation de l'Empire, Paris, Karthala, 2007, 382 p.

https://www.karthala.com/accueil/1842-la-grande-geste-du-mali-des-origines-a-la-fondation-de-lempire-9782865372065.html

CISSÉ (Youssouf Tata) (dir.), *Le Droit traditionnel mandingue. Le pacte de Kurukan Fuga,* Paris, Karthala, 2003, 195 p.

KOUYATÉ (Siriman), *La Charte du Mandé (Kurukan Fuga)*, Bamako, CELHTO, 1998, env. 30 p. https://jaga.afrique-gouvernance.net/docs/la_charte_du_mand.pdf

UNESCO, *La Charte du Mandén proclamée à Kurukan Fuga*, Paris, UNESCO, 2009, env. 10 p. https://ich.unesco.org/fr/RL/la-charte-du-manden-proclamee-a-kouroukan-fouga-00290

II. Ouvrages d'histoire africaine et de l'Empire du Mali

NIANE (Djibril Tamsir), Soundjata ou l'épopée mandingue, Paris, Présence Africaine, 2007, 189 p. https://portalinvestigacion.uniovi.es/documentos/5e57af8c2999527d991b3f5f

KI-ZERBO (Joseph), *Histoire de l'Afrique noire. Des origines à nos jours*, Paris, Hatier, 1978, 731 p. https://www.abebooks.com/9782218041761/Histoire-lAfrique-noire-Ki-zerbo-Joseph-2218041766/plp

UNESCO, *Histoire générale de l'Afrique*, vol. IV, Paris, UNESCO, 1984, 809 p.

https://fr.scribd.com/document/421412429/Histoire-Generale-de-l-Afrique-IV-pdf

MONTEIL (Charles), *Les Bambara du Ségou et du Kaarta,* Paris, Émile Larose, 1923, 402 p. https://ehrafworldcultures.yale.edu/cultures/fa08/documents/002

III. Droit africain, pluralisme juridique et épistémologie

DIARRA (Lassine), L'évolution du statut des autorités traditionnelles : étude comparée Mali–Côte d'Ivoire, Abidjan, Institut de pédagogie Universitaire (IPU), 2024, 302 p.

CAMARA (Bakary), *Évolution des systèmes fonciers au Mali* : cas du bassin cotonnier, Dakar, CODESRIA, 2015, 210 p. https://www.foncier-developpement.fr/publication/evolution-des-systemes-fonciers-au-mali-cas-du-bassin-cotonnier-de-mali-sud-zon...

SACCO (Rodolfo), *Introduction au droit comparé*, Paris, LGDJ, 1991, 256 p.

https://www.lgdj.fr/introduction-au-droit-compare-9782100519491.html

VANDERLINDEN (Jacques), *Le pluralisme juridique*, Bruxelles, Éditions de l'Université de Bruxelles, 1972, 240 p. https://journals.openedition.org/cliothemis/650?lang=en

ALLIOT (Michel), *Le droit et le service public en Afrique noire*, Paris, LGDJ, 1968, 300 p.

IV. Instruments juridiques internationaux relatifs aux droits humains

Organisation des Nations Unies, Déclaration universelle des droits de l'homme, Paris, ONU, 1948. https://www.un.org/fr/about-us/universal-declaration-of-human-rights

Organisation des Nations Unies, Pacte international relatif aux droits civils et politiques, New York, ONU, 1966. https://www.ohchr.org/fr/instruments-mechanisms/instruments/international-covenant-civil-and-political-rights

Organisation des Nations Unies, Pacte international relatif aux droits économiques, sociaux et culturels, New York, ONU, 1966. https://www.ohchr.org/fr/instruments-mechanisms/instruments/international-covenant-economic-social-and-cultural-rights

Organisation de l'unité africaine, Charte africaine des droits de l'homme et des peuples, Addis-Abeba, OUA, 1981. https://au.int/fr/treaties/african-charter-human-and-peoples-rights

Organisation des Nations Unies, Convention relative aux droits de l'enfant, New York, ONU, 1989. https://www.ohchr.org/fr/instruments-mechanisms/instruments/convention-rights-child

V. Doctrine générale sur les droits humains

MBAYE (Kéba), *Les droits de l'homme en Afrique*, Paris, Pedone, 1992, 320 p. https://sfdi.org/internationalistes/mbaye-keba/

COMBACAU (Jean) et SUR (Serge), *Droit international public*, Paris, Montchrestien, 2016, 850 p.

DONNELLY (Jack), *Universal Human Rights in Theory and Practice, Ithaca*, Cornell University Press, 2013, 304 p.

SEN (Amartya), *Development as Freedom*, Oxford, Oxford University Press, 1999, 366 p.

VI. Approches critiques et décoloniales du droit

DIOP (Cheikh Anta), *Nations nègres et culture,* Paris, Présence Africaine, 1954, 573 p.

https://www.presenceafricaine.com/livres-histoire-politique-afrique-caraibes/634-nations-negres-et-culture-9782708706880.html

DIAGNE (Souleymane Bachir), *L'encre des savants*, Paris, Présence Africaine, 2013, 240 p.

MUDIMBE (Valentin-Yves), *L'invention de l'Afrique*, Paris, Seuil, 1988, 230 p.

HOUNTONDJI (Paulin), *Sur la "philosophie africaine"*, Paris, Maspero, 1977, 180 p.

VII. Articles et études spécifiques

N'DIOGOU (Thierno Amadou), « Regards croisés sur la Charte de Kurukan Fuga et la Déclaration universelle des droits de l'homme », Dakar, CODESRIA, 2012, 135 p. https://publication.codesria.org/index.php/pub/catalog/download/38/135/312?inline=1

TAMARI (Tal), « Griots et castes », *Cahiers d'études africaines*, Paris, EHESS, 1991, pp. 121–160. https://journals.openedition.org/etudesafricaines/pdf/5430

AYITTEY (George B. N.), « La démocratie en Afrique précoloniale », *Afrique 2000*, Paris, L'Harmattan, 1990, pp. 39–75.
https://www.africabib.org/rec.php?RID=089189027

KOMBE (Jean-François Akandji), « La Charte de Kurukan Fuga et les droits de l'homme », Abidjan, publication en ligne, 2010, env. 15 p.

VIII. Rapports et documents internationaux

UNESCO, Patrimoine culturel immatériel : Charte du Mandén, Paris, UNESCO, 2009, env. 10 p. https://ich.unesco.org/fr/RL/la-charte-du-manden-proclamee-a-kouroukan-fouga-00290

Nations Unies, Objectifs de développement durable, New York, ONU, 2015, env. 35 p.
https://sdgs.un.org/2030agenda

Structures éditoriales du groupe L'Harmattan

L'Harmattan Italie
Via degli Artisti, 15
10124 Torino
harmattan.italia@gmail.com

L'Harmattan Hongrie
Kossuth l. u. 14-16.
1053 Budapest
harmattan@harmattan.hu

L'Harmattan Sénégal
10 VDN SICAP AMITIE 3
BP 45034 Dakar-Fann
direction@senharmattan.com

L'Harmattan Cameroun
Tsinga/Derrière polyclinique FECAFOOT
BP 11486 Yaoundé
Jacques.koukam@harmattan.fr

L'Harmattan Burkina Faso
Villa 281, secteur 23 623, rue 14.32
Ouagadougou
zagbie@outlook.fr

L'Harmattan Guinée
Almamya, rue KA 028 OKB Agency
BP 3470 Conakry
harmattanguinee@yahoo.fr

L'Harmattan RDC
185, avenue Nyangwe
Commune de Lingwala – Kinshasa
matangilamusadila@yahoo.fr

L'Harmattan Congo
219, avenue Nelson Mandela
BP 2874 Brazzaville
deunovmikhael@gmail.com

L'Harmattan Mali
Immeuble Mgr Jean Marie Cissé
Aci Hamadallaye
BP 145 Bamako
syllaka@yahoo.fr

L'Harmattan Togo
Djidjole – Maison Amela
face EPP BATOME
02 BP 20680 Lomé
didieramela11@gmail.com

L'Harmattan Côte d'Ivoire
Résidence Karl – Cité des Arts
Abidjan-Cocody
03 BP 1588 Abidjan
harmattan.ivoire@gmail.com

L'Harmattan Bénin
Rue 604, (Immeuble à l'entrée
de la rue UCAO- Cite de Saint-Jean)
Cotonou
stepcorpus@gmail.com

Nos librairies en France

Librairie internationale
16, rue des Écoles
75005 Paris
librairie.internationale@harmattan.fr
01 40 46 79 11
www.librairieharmattan.com

Librairie des savoirs
21, rue des Écoles
75005 Paris
librairie.sh@harmattan.fr
01 46 34 13 71
www.librairieharmattansh.com

www.ingramcontent.com/pod-product-compliance
Lightning Source LLC
LaVergne TN
LVHW021743071126
851857LV00039B/679
* 9 7 8 2 3 3 6 6 3 6 6 2 7 *